NICOLA BORELLO

1741: L'ASSEDIO DI CARTAGENA DE INDIAS

LA STORIA DEL PIÙ GRANDE DISASTRO NAVALE DELLA STORIA BRITANNICA

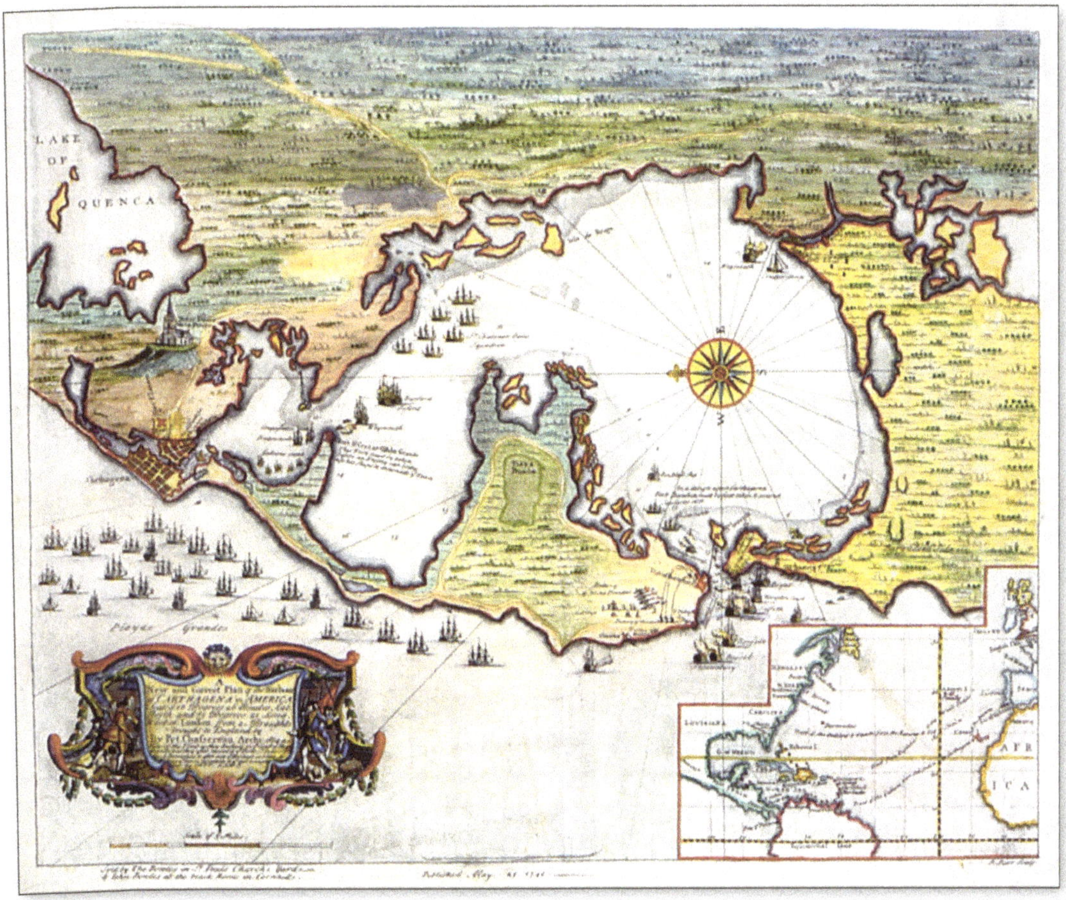

BATTLEFIELD 015

AUTORE - AUTHOR:

Nicola Borello è nato a Bovegno nel 1968. Laureato in scienze politiche, si occupa di diritti umani e sviluppo sostenibile. Ha al suo attivo diverse collaborazioni con organizzazioni internazionali e riviste di economia e politica internazionale, tra le quali Limes .E' un appassionato studioso di storia moderna e contemporanea.

BATTLEFIELD

BattleField, è la collana che analizza i campi di battaglia dal punto di vista "oggi e allora" Offrendo prospettive inedite ed interessanti per lo studio degli scontri principali della storia attraverso armi, uniformi e mappe storiche di eserciti e soldati impegnate nelle più famose campagne militari. La collana è definita da una linea di colore rosso sulla copertina.

RINGRAZIAMENTI

Un ringraziamento speciale va alla NYPL per la cortese concessione di diverse tavole uniformologiche presenti nel volume.

ISBN: 9788893272766 (ebook ISBN 9788893272773) Prima edizione: Settmbre 2017

Title: Battlefield 015 - **1741: L'ASSEDIO DI CARTAGENA DE INDIAS**
Di Nicola Borrello. Tavole e iconografia curate da Luca S. Cristini. Editor: Soldiershop publishing. Cover & Art Design: Luca S. Cristini.

► Moneta commemorativa britannica della presunta conquista di Cartagena de Indias (In Gran Bretagna, la moneta verrà ritirata dalla circolazione non appena si conoscerà l'esito della spedizione).

In copertina : Il viceré di Spagna Sebastián de Eslava con sullo sfondo una mappa coeva di Cartagena de Indias e un marines inglese.

PREMESSA

Rimasto poco conosciuto fino ai nostri giorni, l'assedio di Cartagena de Indias rappresentò il punto apicale di scontro tra Spagna e Gran Bretagna durante la cosiddetta Guerra dell'Orecchio di Jenkins (1739-42) e si risolse nel peggior disastro navale della storia britannica.

Questo episodio venne però presto dimenticato in entrambi i paesi.

In Gran Bretagna la sconfitta subì un processo di rimozione. Archiviato come un episodio sfortunato, causato da un morbo tropicale, il fallimento della spedizione a Cartagena de Indias venne sminuito e nascosto agli occhi dell'opinione pubblica interna.

A ricordo dell'impresa di Cartagena de Indias rimase solo una targa commemorativa in onore dell'ammiraglio Vernon, posta nella cattedrale di Westminster, che dice: "....Nella guerra contro la Spagna dell'MDCCXXXIX egli prese il forte di Portobello con sei navi, una forza che si supponeva troppo debole per il tentativo. Per questo ricevette il ringraziamento delle camere del Parlamento. Sottomise il Chagre, e a Cartagena conquistò fin dove le forze navali poterono acquisire la vittoria."

Forse troppo impegnata in quel momento a combattere per celebrare le sue vittorie, e forse non avendo capito pienamente la portata storica dell'evento, anche la Spagna si dimenticò presto dell'impresa di Cartagena de Indias. O, forse, preferì lasciarsela alle spalle, quando, a partire dalla fine della guerra di successione austriaca, subentrò una nuova fase distensiva nelle relazioni con la Gran Bretagna.

La memoria della fallita spedizione contro Cartagena de Indias per tanti anni rimase così perduta tra i meandri della storia. La storiografia moderna tende oggi a rivalutarne l'importanza, non solo perché rappresentò la più grande operazione anfibia della storia fino allo sbarco in Normandia, ma perché permise agli spagnoli di mantenere i suoi domini nelle Americhe per altri settanta anni.

Nicola Borello

INDICE:

1. Spagna: economia ed esercito nella prima metà del XVIII secolo

1.1 L'ECONOMIA

Se l'Inghilterra della prima metà del XVIII secolo è un paese pienamente coinvolto in un'impetuosa crescità economica che di lì a poco lo farà entrare nella rivoluzione industriale, la Spagna si presenta ancora come un paese arcaico, che continua ad essere afflitto da problemi cronici di povertà e sviluppo. Uno di questi era la limitata crescita del mercato interno, causata dalle ristrettezze economiche in cui versavano i contadini, a causa delle scarse entrate che rimanaevano loro dopo il pagamento delle quote di raccolto ai signori, alla chiesa e alla corona. Questo li costringeva a produrre da sé parte del vestiario e la maggior parte degli utensili da lavoro e per la casa. Quel poco che non veniva autoprodotto veniva acquistato da artigiani locali.

Di conseguenza, il commercio interno era limitato alla compravendita di pochi prodotti, quali il vino e l'olio e la lana, che venivano trasportati perlopiù a dorso d'asino o di mulo.[1]

In una situazione ancora peggiore versavano i braccianti, i più poveri tra i contadini che, non possedendo terra, o non avendone abbastanza, erano costretti ad offrire il loro lavoro al possidente terriero, in cambio di un misero salario.

Oltre all'arretratezza e alla povertà cronica del mondo rurale, per tutta la prima metà del XVIII secolo continuarono a persistere altri ostacoli allo sviluppo dell'economia della Spagna. I dazi doganali interni tra gli antichi regni vennero aboliti solo nel 1717, con l'eccezione della Navarra e delle province basche, ma rimasero comunque in vigore i pedaggi interni per l'attraversamento di strade, ponti e fiumi (questi ultimi per mezzo di traghetti), dai quali la nobiltà locale continuò a trarre profitto. Continuarono inoltre a rimanere in vigore la tassa sul grano (abolita solo nel 1765) e i regolamenti sia statali che locali che limitavano il commercio interno e mantenevano monopoli fiscali nella rivendita di tabacco e sale. Il sistema del monopolio su cui si basava il commercio con le colonie americane, che rappresentava una parte fondamentale dell'interscambio spagnolo con l'estero, costituiva per la spagna un fattore di forza, ma anche di debolezza. Da un lato, infatti, le permetteva di esportare prodotti della propria manifattura e importati da altri paesi (come tessuti, vino, superalcolici, armi, attrezzi, libri, gioielli, ecc.), e di importare prodotti primari (metalli grezi, zucchero, tabacco, cacao, ecc.). Dall'altro, però, la sua scarsa capacità di soddisfare la domanda delle colonie americane alimentò un fiorente contrabbando, soprattutto di prodotti provenienti dalla Gran Bretagna, contro il quale le autorità spagnole reagirono in modo repressivo.

1.2 LE FORZE ARMATE SPAGNOLE A CAVALLO TRA XVII E IL XVIII SECOLO: DALLA CRISI DEL TERCIO ASBURGICO ALL'INTRODUZIONE DEL MODELLO FRANCESE

1.2.1 IL RIARMO DELL'ESERCITO

Quando, nel novembre 1700 il re Filippo V ricevette, quale primo monarca borbonico, l'impero spagnolo degli Asburgo, non disponeva dei mezzi militari necessari per garantire la sicurezza e il

---

1 Una testimonianza particolarmente vivida di questa situazione è stata data, ad esempio, dallo scrittore e diplomatico francese Jean François de Bourgoing. Jean François de Bourgoing, *Nouveau voyage en Espagne, ou tableau de l'état actuel de cette monarchie*, Chez Regnault, París, 1789.

mantenimento dei vasti territori coloniali oltre atlantico che rimanevano praticamnete sguarniti. Mentre, in Europa esistevano diversi stati sparsi e scarsamente difesi.

L'esercito spagnolo era in pessime condizioni, sebbene manchino studi specifici sugli ultimi *tercios* spagnoli tra la fine del XVII e gli inizi del XVIII secolo, tutti gli storici concordano nel segnalare la sua profonda debolezza e il ridotto numero di uomini di cui disponeva.

Alcune testimonianze dell'epoca, confermerebbero tale ipotesi. Nell'autunno del 1689, ad esempio, il duca di Villahermosa scriveva dalla Catalogna al connestabile di Castiglia, informandolo del "critico e miserabile stato in cui rimaniamo che assicuro a Vostra Eccellenza mi sconvolge molto [...] spero che si faccia qualcosa per risolvere questa urgenza, se non si continua con puntualità l'assistenza alle truppe, queste si disfarranno irrimediabilmente questo inverno."[2]

Il marchese di San Felipe, descrivendo lo stato deplorevole delle forze a guardia dell'immenso impero spagnolo, segnalava che "la Sicilia era presidiata da 500 uomini, la Sardegna da 200, anche meno Maiorca, pochi nelle Canarie e nessuno nelle Indie. 8.000 uomini si trovavavano di stanza nelle Fiandre, 6.000 a Milano e se si contavano tutti quelli che si trovavano sul libro paga della monarchia non si arrivava a 20.000 uomini". Altre cifre indicherebbero 10.000 uomini nelle Fiandre e 13.000 a Milano, ai quali si aggiungerebbero, secondo il ministro Jean Orry, 13.268 fanti inquadrati nelle milizie provinciali.

Queste rappresenterebbero cifre molto più basse di quelle teoriche che venivano segnalate da questi stati, i quali indicavano, irrealisticamente, 18 *tercios* e, quindi, circa 54.000 uomini solo nelle Fiandre.

La storica Cristina Borreguero Beltrán, sempre con le dovute precauzioni, stima realisticamente la consistenza dell'esercito spagnolo verso il 1701 in poco più di 12.000 uomini nel territorio peninsulare e altri 20.000 ripartiti tra Fiandre e Italia.[3]

Scoppiata la Guerra di successione spagnola (1701-1713), cosciente della debolezza dell'impero, per garantirne la difesa, Filippo V puntò sul sostegno della Francia, intraprendendo a partire dal 1701 una serie di riforme per modernizzare e rendere più efficace il proprio esercito.

Alla fine del 1705, grazie a questa politica di riarmo, la consistenza dell'esercito crebbe notevolmente, fino a raggiungere i 50.000 uomini e alla fine della Guerra di successione, la monarchia spagnola poté disporre di 100 reggimenti di fanteria, 105

▲ Ufficiale e alabardiere spagnoli 1740 circa.

---

2   Carlos de Gurrea Aragón, Duque de Villahermosa al Condestable de Castilla. Olot, 8 de octubre de 1689 (fol. 1). BN. Secc. Mss, 2400.

3   Cristina Borreguero Beltrán, Del Tercio al regimiento, Real sociedad económica de amigos del país, Valencia, 2001, pag. 176.

squadroni di cavalleria e di dragoni, con un numero di effettivi oscillante tra i 70.000 e i 100.000 uomini.

Tra il 1710 e il 1713, la perdita delle Fiandre e dell'Italia fece rientrare in Spagna i resti dei vecchi *tercios* spagnoli, valloni e italiani, i quali gradualmente persero il loro carattere multinazionale.

La fine della guerra di secessione, infatti, segnò lo smantellamento dell'apparato di difesa imperiale spagnolo in Europa. Persi i territori, Filippo V dovette ridurre nuovamente il numero dei propri effettivi, che a partire da allora iniziò a oscillare in base alle necessità belliche del momento. In tempo di guerra o nei periodi immediatamente precedenti alle guerre, le forze venivano aumentate; finite le ostilità, a pace ristabilita, parte degli effettivi veniva congedata e parte dell'esercito riformata, per ridurre le spese.

Secondo la tabella 1, relativa al numero di effettivi nell'esercito borbonico di Spagna durante il regno di Filippo V, si può chiaramente notare una tendenza alla riduzione durante la prima metà deglianni venti, con un minimo nel 1724, e una all'aumento negli anni trenta, con un picco massimo nel 1734, a seguito della creazione di 33 nuovi reggimenti provinciali, dovuta all'impegno militare assunto dalla monarchia spagnola in Italia, durante la guerra di successione polacca (1733-38).

Tabella 1 - Effettivi dell'esercito borbonico di Spagna durante il regno di Filippo V				
Fanteria	1721	1724	1734	1739
	114	104	160	148
	64.160	58.370	112.840	103.660
Cavalleria		96	115	95
	15.531	12.300	18.160	12.900

1.2.2 DAL TERCIO AL REGGIMENTO: LA RIFORMA DI FILIPPO V

L'esercito spagnolo all'inizio del '700 risultava ancora imperniato sui *tercios*, grandi unità di fanteria composte, a ranghi completi, da 3.000 uomini (secondo l'ultima ordinanza del 1632). Creati dagli Asburo nel 1534, i *tercios* avevano dominato i campi di battaglia dell'Europa nel XVI secolo e per quasi tutta la prima metà del XVII secolo.

In battaglia, queste unità di base venivano schierate in grandi formazioni di picchieri e archibugieri, disposti in colonne, in modo da formare grandi quadrati. Tuttavia, questo schiera,mento si era rivelato col tempo troppo lento, macchinoso ed eccessivamente vulnerabile alla crescente potenza delle armi da fuoco, dimostrando i propri limiti già nella battaglia di Rocroi, del 1643, che ne aveva segnato l'inizio della decadenza.

A partire dalla seconda metà del '600, anche la divisione tra picchieri e archibugieri divenne progressivamente superata, per l'introduzione dei fucili a pietra focaia, più rapidi nel caricamento ed efficaci, e il conseguente miglioramento delle tattiche di fuoco lineare. Queste si fondavano su formazioni meno profonde, che permettevano di schierare unità più sottili, allungate e manovrabili, con un numero maggiore di fucilieri sulla linea di fuoco, condizione essenziale per aumentare il volume e l'efficacia del fuoco.

Appena giunto al trono, Filippo V promosse subito un gran numero di profonde trasformazioni nell'esercito spagnolo. In questo periodo, l'urgenza della guerra di successione (1701-1713) e la mancanza di solide basi a cui appoggiarsi obbligarono la Spagna a copiare il modello militare francese. Tra il 1701 e il 1707, introdusse una serie di riforme dell'esercito, la prima delle quali fu dovuta al marchese di Bedmar, governatore delle Fiandre. QUesti emanò le Ordinanze delle Fiandre del 18 dicembre 1701 e 10 aprile 1702, le quali vennero estese al resto dell'esercito e completate con l'Ordinanza reale del 28 settembre 1704.

Quest'ultima comportò una radicale riorganizzazione di tutto l'esercito spagnolo, con lo scioglimento dei vecchi *tercios*, che vennero sostuiti con moderni reggimenti strutturati sul modello francese, composti inizialmente da un solo battaglione, diviso in 12 compagnie, per un totale di 600 uomini.

Con questa trasformazione, l'unità basica dell'esercito venne ridotta di colpo da 3.000 a 600 uomini. Due anni dopo, però, per ogni reggimento venne raddoppiato il numero dei battaglioni e degli effettivi, che passarono rispettivamente da uno a due, e da 600 a 1.200 uomini.

Anche le unità di cavalleria e di dragoni da *tercios* furono trasformati in reggimenti composti da squadroni, i primi equivalenti ai battaglioni di fanteria, e i secondi alle compagnie.

Il reggimento diventò inoltre un'unità amministrativa e di governo.

Un'ordinanza successiva cancellò ogni elemento residuo che ricordasse la vecchia organizzazione asburgica e, nel 1707 e 1715, si procedette anche a cambiare la designazione delle unità, che furono spesso chiamate con denominazioni geografiche.

Terminata la guerra di successione spagnola, l'esercito spagnolo continuò ad essere afflitto da ploblemi e la sua reputazione in Europa lasciava molto desiderare. Ad esempio, il periodico inglese *The Weekly Journal on Saturday's Post*, del 15 febbraio 1718, analizzando l'esercito spagnolo si esprimeva nei seguenti termini: "sebbene la Spagna abbia fatto alcuni progressi all'inizio del secolo, le truppe spagnole continuano ad avere un morale basso, e ad avere problemi, essere povere e senza paga, malvestite e senza ufficiali, un complesso indisciplinato di miseria".[4]

L'esercito spagnolo veniva talvolta descritto anche con ironia: "Gli spagnoli non sono mai cambiati, ad eccezione dei loro capelli che ora portano impolverati e arruffati, i soldati rimangono nelle stesse condizioni di settant'anni fa".[5]

Nonostante queste opinioni negative, lo sforzo di rinnovamento dell'esercito proseguiva senza sosta.

I cambiamenti colpirono anche i comandi militari. A livello di stato maggiore generale dell'esercito, furono create le seguenti categorie di ufficiali: capitano generale, tenente generale, maresciallo di campo e brigadiere. Nei reggimenti vennero introdotti i gradi di colonnello (che andò a sostituire quello del maestro di campo), tenente colonnello, sergente maggiore e aiutante. A ogni compagnia vennero assegnati un capitano, un tenente, un sottotenente e due sergenti.

Della vecchia tradizione del *tercio* rimase solo l'ordine di preferenza nella numerazione, secondo cui tra le unità di diversi paesi, la preferenza era sempre concessa ai *tercios* spagnoli e tra le unità spagnole prevaleva sempre quella di costituzione più antica. Poiché dopo la liquidazione dei possedimenti europei le truppe straniere si erano fatte sempre più scarse, la questione della numerazione divenne solo un fatto di antichità di costituzione.

Ancora più importanti furono però i processi di professionalizzazione dell'esercito, comuni peraltro anche al resto d'Europa, che sancirono il passaggio da una milizia creata dai nobili per difendere il re a uno strumento gestito da funzionari militari di professione al servizio dello stato.

Nel corso del XVIII secolo, infatti, si svilupparono in tutta Europa forze armate professionali, guidate da ufficiali che pur essendo sempre di estrazione perlopiù nobiliare, non combattevano più per adempiere ad un obbligo feudale o compiere un'impresa per chiunque potesse pagarla, ma erano prima di tutto servitori dello stato, con un impiego e un salario regolare e aspettative di carriera, in pace come in guerra.

Anche la Spagna non rimase indenne a questi cambiamenti. Per sopperire alla mancanza di vocazione militare della nobiltà, la corona spagnola emanò l'8 febbraio 1704 un'ordinanza, raccomandando che i capi e gli ufficiali fossero cavalieri, nobili o gente che vivesse nobilmente "anche se figli di commercianti."

---

4 Cristina Borreguero Beltrán, Del Tercio al regimiento, Real sociedad economica de amigos del pais, Valencia, 2001., pag. 173.

5 G. Scharnhorst, Militair Bibliothek, (ed.) I e II, Hannover, 1782-83. Opera citata da Christopher Duffy. Op. Cit., p.28.

▲ Reggimenti di fanteria spagnola presenti a cartagena de Indias. Reggimento Lisboa

I colonnelli avrebbero dovuto essere scelti tra i nobili e, per attrarli, la corona offrì loro salari migliori e anche uniformi. Ma la cosa più innovativa di questa ordinanza fu la creazione di una classe di cadetti, appartenenti in gran parte alla nobiltà, che servisse da riserva, dalla quale attingere i futuri ufficiali dell'esercito, soprattutto a livello più elevato.

A partire dai 12 anni di età, ai cadetti veniva offerta una istruzione specifica, impartita dall'"Accademia" creata nel reggimento, che comprendeva materie tecniche (per esempio geometria, matematica, studio delle fortificazioni), giuridiche (studio dei codici e delle ordinanze militari, esercitazioni pratiche con i casi penali) ed attività pratiche(maneggio delle armi, marce, ecc.) impartite dall'"Accademia" creata nel regimento. Una volta terminata l'istruzione, il cadetto iniziava la sua carriera con il grado di sottotenente.

Nei rigidi modelli militari dell'epoca, dove al soldato veniva insegnato a marciare e combattere secondo rigidi schemi, ad occupare una certa posizione nei ranghi e a muoversi solo in base a ordini precisi impartiti dagli ufficiali superiori, gli ufficiali di rango

▲ Alfiere e fuciliere milizia coloniale 1740 circa.

più basso si guadagnarono un ruolo cruciale per la loro capacità di mantenere le truppe in ordine.

Anche per coloro che non provenivano dalle fila della nobiltà, o non erano figli di ufficiali, esisteva la possibilità di entrare nelle forze armate, ma la strada si presentava loro molto più lunga e oscura. Con l'istituzione della figura del cadetto, per coloro che entravano come semplici soldati o capi, lo spazio per un avanzamento di carriera divenne molto limitato.

Normalmente, potevano passare molti anni prima che avessero la possibilità di diventare sergenti e molti di più per diventare ufficiali, un salto difficile, anche se non impossibile. Se non si era nobili o non si aveva una buona raccomandazione, la salita di grado poteva essere un cammino difficile e tortuoso. Così non era raro incontrare tenenti quarantenni o capitani sessantenni.

Il militare che si arruolava volontariamente nell'esercito, ma non apparteneva alla nobiltà, veniva chiamato "soldato di fortuna". Questo termine lo distingueva dal cosiddetto "quinto sorteggiato"[6] o dalla "recluta di leva obbligata al servizio"[7], che la monarchia utilizzava per colmare i ranghi dell'esercito,

---

6   Il quinto sorteggiato era un coscritto reclutato con il sistema della "Quinta". La Quinta era un sistema di coscrizione che si basava sul reclutamento forzoso di un uomo estratto a sorte ogni cinque, secondo un sistema di sorteggio per fila.

7   La leva era la forma di reclutamento in base al quale si rastrellavano (o "raccoglievano") nelle città i cosiddetti

▲ Reggimenti di fanteria spagnola presenti a cartagena de Indias. Reggimento Espana.

soprattutto durante i periodi di guerra, e ai quali non era permesso fare carriera nell'esercito.

Se la guerra di successione spagnola aveva portato alla scomparsa del vecchio esercito multinazionale, composto da spagnoli, fiamminghi, milanesi, valloni, tedeschi, sardi e siciliani, e alla sua sostituzione con un esercito nazionale, nel corso del XVIII secolo (e fino al XIX secolo) la monarchia spagnola continuò comunque ad utilizzare alcune truppe straniere, il cui peso però andò fortemente riducendosi. Tra le truppe straniere presenti in Spagna vi erano i reggimenti svizzeri, che erano molto apprezzati in tutta Europa per la loro preparazione tecnica e per la loro affidabilità, purché non li si contrapponesse ad altri reggimenti svizzeri.

Vi erano inoltre anche reggimenti italiani, valloni e irlandesi, residui di quelli che erano stati i *tercios* multinazionali del periodo asburgico. Sebbene la difficoltà di reclutare uomini di questi paesi ne diluì nel tempo la loro specificità extranazionale, queste unità continuarono ad esistere per lungo tempo. Il reggimento di Napoli durò fino al 1818, anno in cui fu soppresso, e i corpi svizzeri e irlandesi continuarono a servire la corona spagnola fino al 1822.[8]

1.3 LA MARINA SPAGNOLA DALLA FINE DELLA GUERRA DI SUCCESSIONE SPAGNOLA ALL'INIZIO DELLA GUERRA DELL'ORECCHIO DI JENKINS (1739)

Quasi azzerata durante la guerra di successione spagnola, anche la marina spagnola venne sottoposta a radicali cambiamenti, sotto la guida dell'intendente generale della marina[9] José Patiño, che a partire dal 1717 riorganizzò l'*Armada* sul modello francese, aumentandone la dimensione, la rapidità e l'efficacia. Come nell'esercito, venne perfezionata la formazione degli ufficiali e si ricorse alla "matricola di mare," per dotare le imbarcazioni degli equipaggi necessari.

La matricola di mare si basava sull'obbligo di servire la marina da guerra per tutti quei giovani che desideravano svolgere attività marinare, come ad esempio la pesca. Questo nei fatti equivaleva ad imporre il servizio militare obbligatorio a tutti i giovani pescatori. Nei periodi di particolare necessità, inoltre, come già nell'esercito si ricorse allo strumento della "*leva*" o della "*Quinta*".

Il sistema della "Quinta" (sia per il reclutamento nell'esercito che nella marina) divenne particolarmente impopolare in questo periodo, a causa della corruzione e degli abusi nei sorteggi e dell'elevato numero di persone esentate: una lunga lista di sposati, infermi, miopi, figli unici di vedova povera, pastori, tessitori di Valencia, artigiani tessili, fabbricanti di polvere pirica, impiegati di tenute agricole, professori, maestri, autorità municipali, nobili e persino schiavi rimaneva infatti fuori dai sorteggi. In questo modo il servizio per il Re diveniva una imposizione del fato, dalla quale bisognava fuggire se si poteva.[10]Per quanto riguarda l'organizzazione della marina, Patiño nel 1717 sostituì la vecchia struttura amministrativa decentralizzata degli asburgo con una centralizzata, sul modello francese, imperniata su tre enti: il Corpo del Ministero, l'Amministrazione e il Corpo Generale.

Il Corpo del Ministero aveva la funzione di pianificazione e gestione delle finanze, e di controllo delle spese della marina militare. L'amministrazione, composta da tecnici, era invece incaricata di dirigere le costruzioni navali e gestire tutti gli aspetti logistici relativi alle operazioni delle squadre navali. Il Corpo Generale, infine, era composto dagli ufficiali che dovevano esercitare il comando sia delle squadre navali che delle singole navi.

La legislazione promossa da Patiño assicurava il predominio del Corpo del Ministero sull'Amministrazione, imponendo lo sviluppo della forza navale sotto lo stretto controllo di criteri burocratici e di risparmio: in altre parole creava una marina controllata e governata centralmente.

"vagos" – scansafatiche senza occupazione – e li si obbligava a servire nell'esercito.

8   Gli ultimi reggimenti mercenari svizzeri furono utilizzati dal Regno delle due Sicilie che li impiegò nell'assedio di Gaeta (novembre 1860- febbraio 1861).

9   Titolo equivalente a quello di Ministro.

10   Rosa Mª Capel Martínez, José Cepeda Gómez, El Siglo de las Luces. Política y sociedad. ,Madrid, Síntesis, 2006.

▲ Granatiere, capitano e sergente di fanteria spagnola meta del XVIII secolo

Per aumentare l'efficienza e la rapidità della marina, con ordinanza reale del 5 dicembre 1726, il litorale della Spagna venne suddiviso in tre dipartimenti marittimi (Nord, Mezzogiorno e Oriente) con i rispettivi comandi a El Ferrol, Cadice e Cartagena.

Per volontà di Filippo V, in queste città Patiño fece costruire nuovi arsenali, che insieme a quello dell'Avana diedero impulso alla costruzione di una potente flotta.

Gli arsenali vennero, infatti, messi in grado di costruire e riparare navi, produrre cannoni, palle, componenti metallici e altre attrezzature per poter armare le imbarcazioni.

In questo modo Patiño riuscì a far costruire 56 navi e 2.500 nuovi cannoni. Conscio dell'importanza di avere una capacità cantieristica anche nelle Americhe, Patiño estese la sua politica anche in questo continente, facendo costruire nei cantieri dell'Avana quattro vascelli da 64 cannoni, battezzati África, Asia, Europa e America(1732-1734)[11] e un altro, il Nueva España, nei cantieri di Coatzcoalcos (Veracruz). A causa di problemi logistici, questo cantiere fu abbandonato nel 1736.[12]

Nei decenni successivi, grazie al continuare dei piani di potenziamento , la marina spagnola raggiunse uno sviluppo tecnico non inferiore a quello dei suoi principali rivali europei e una dimensione

11   Carlos Martínez Shaw, Marina Alfonso Mola, El arsenal de La Habana en el siglo xvIII, http://www.mecd.gob.es/
fragatamercedes/dms/museos/fragatamercedes/historia/contexto-historico/arsenal-habana.pdf
12   Iván Valdez-Bubnov, La armada española del siglo XVIII

ragguardevole, che le permise di ridiventare una delle principali potenze marittime europee. Numericamente inferiore a Gran Bretagna e Francia, era comunque superiore a potenze navali declinanti come l'Olanda o a flotte mediterrane, quali quella della Repubblica di Venezia e dell'Impero Ottomano.

Nonostante gli sforzi profusi per il suo potenziamento, allo scoppio della guerra dell'orecchio di Jenkins, nel 1739,

▲ Soldati spagnoli della milizia coloniale 1740 circa.

l'Armada poteva disporre solo di 43 vascelli o unità assimilabili a vascelli (cioè dotate di almeno due ponti e da 48 a 100 cannoni)[13] e una quindicina di mezzi armati da 12 a 30 cannoni, tra fregate, brigantini (*paquebote*), bombarde: non molto se confrontato a quello che poteva schierare la sua diretta avversaria, la Royal Navy. Questa poteva infatti contare complessivamente su 134 unità, il 75% delle quali dotate di due o tre ponti e da 50 a 100 cannoni, e numerose altre unità minori.

L'inferiorità della marina spagnola era, inoltre, accresciuta dal fatto che le sue navi, rispetto a quelle britanniche, erano solitamente peggio armate, avevano un più limitato numero di cannoni, di calibro mediamente inferiore, ed erano carenti di artiglieri esperti.

Le navi della marina spagnola erano anche afflitte da problemi di efficienza dovuti alla cattiva qualità della manutenzione nei principali arsenali spagnoli (Cadice, El Ferrol, Cartagena e L'Avana), dotati di fondi inadeguati e incapaci di funzionare a pieno ritmo. All'inizio del 1738, la maggioranza delle unità maggiori spagnole permanevano ancora negli arsenali in disarmo.

Questa situazione migliorò solo in parte nei mesi successivi. Nella primavera del 1739, nel dipartimento di El Ferrol si trovavano solo quattro vascelli operativi, che formavano una squadra al comando del tenente generale Rodrigo de Torres,[14] mentre il San Carlos, il Princesa e il Galicia si trovavano ancora in stato di momentaneo disarmo. I vascelli Hércules, Constante e América, armati, erano stati inviati a Cartagena e posti al comando del tenente generale Bena Masserano.

Alla fine dell'estate del 1739, soltanto nell'arsenale di Cadice, il più importante della Spagna, dove si concentrava la maggior parte della flotta spagnola, si trovavano ancora 14 imbarcazioni a diversi stadi di manutenzione.

---

13   Molte unità spagnole assimilate a vascelli in realtà erano grosse fregate, dotate di un ponte di batteria coperta e uno di scoperta.

14   Queste erano i vascelli San Felipe (80 cannoni) e Santa Ana (70), e le fregate Reina (12) e Príncipe (12).

TABELLA 2 - LA MARINA SPAGNOLA DURANTE LA GUERRA DELL'ORECCHIO DI JENKINS (1739-1742)*			
nome	**cannoni**	**varo-ritiro**	**porto di servizio**
Real Felipe	114	1732-1750	Cádiz
San Felipe	80	1726-1741	El Ferrol
Santa Isabel	80	1730-1747	Cádiz
San Carlos	66	1726-1741	El Ferrol. In transito a Cartagena de Indias
Santa Ana	70	1729-1745	El Ferrol
Galicia	70	1730-1741	El Ferrol. In transito a Cartagena de Indias
León	70	1730-1750	El Ferrol
Princesa	70	1730-1740	El Ferrol
Príncipe	70	1730-1746	El Ferrol
Reina	70	1730-1743	El Ferrol
Constante	66	1731-1750	Cartagena
San Luis	64	1724-1745	Cádiz
San Juan Bautista	60	1724-1741	Veracruz. Armada Barlovento
San Fernando	62	1725-1748	Cádiz
San Antonio	60	1727-1750	Cádiz
Fuerte	60	1727-1759	Cádiz
Santiago	60	1729-1745	La Habana
Hércules	64	1729-1746	Cartagena
Andalucía	62	1730-1740	Cádiz
Santa Teresa	62	1730-1740	Cádiz
San Isidro	60	1730-1743	Cádiz
Conquistador	64	1731-1741	Cartagena de Indias
Real Familia	60	1731-1750	Cádiz
Guipúzcoa	64	1731-1741	El Ferrol
África	64	1732-1741	Cartagena de Indias
Europa	64	1734-1762	La Habana
Asia	64	1735-1746	El Ferrol
Nueva España	64	1735-1752	Cádiz
América	64	1736-1762	Cartagena
Dragón	64	1737-1741	La Habana. Nel 1739 a Cartagena Indias
Castilla	60	1738-1750	Cádiz
Paloma Indiana	52	1725-1745	Cádiz
El Retiro	54	1726-1751	Cádiz
San Esteban	50	1726-1745	Río de la Plata
San Francisco de Asís	52	1726-1739	Cádiz
San Francisco Javier	52	1726-1749	Cádiz
Fama Volante	52	1730-1740	Cádiz
Genovés	54	1730-1740	Cádiz
San Fermín	48	1730-1746	El Callao. Armada Mar del Sur.
La Galga	56	1731-1750	Cádiz
Hermiona	56	1732-1741	Río de la Plata
Esperanza	50	1735-1747	El Ferrol
Bizarro	50	1739-1759	Veracruz. Armada Barlovento
N. S. de Atocha	30	1723-1747	
La Griega	30	1724-	
San Cayetano	24	1734-1739	Veracruz. Armada Barlovento.
Águila	24	1737-1745	Cartagena.
Aurora	24	1738-1753	Cartagena.
Concepción (pingüe)	22	1738-1744	Habana
Triunfo (paquebote)	24	1736-1740	Veracruz. Armada Barlovento.
San Diego (paquebote)	16	1728-	El Ferrol.
Marte (paquebote)	16	1730-	Cádiz.
Júpiter (paquebote)	16	1730-	Cádiz.
Rosario (paquebote)	16	1728-	
Vulcano (bombarda)	12		Cádiz
Sterop (bombarda)	12		Cádiz
Brontes (bombarda)	12		Cádiz
Piracmón (bombarda)	12		Cádiz

*Elaborazione di Santiago Gómez, in La Armada Real al comienzo de la Guerra de Asiento. 1739.[15]
* nel 1737, le unità che la marina spagnola avrebbe voluto ritirare dal servizio negli anni successivi erano le seguenti: Andalucía, Hércules, Santa Teresa, Fama Volante, Paloma, Javier, San Esteban, Atocha, San Cayetano, La Griega e Rosario. Nel 1745 tutte risultavano però ancora in servizio, probabilmente a causa della guerra dell'orecchio di Jenkins, prima, e della guerra di successione austriaca, poi.

1.4 LA FANTERIA DI MARINA

Fondati nel 1537, i *"Tercios de infanteria de armada"* avevano subito la stessa sorte degli altri *tercios* spagnoli, e dal 1704 al 1707 erano stati riorganizzati in reggimenti di marina, con i nomi di *Bajeles, Armada, Mar de Nápoles* e *Marina de Sicilia*.

Nel 1708, parte di questi reggimenti passò all'esercito cambiando denominazione: il reggimento *Armada* divenne *Mallorca*, il *Bajeles* divenne *Córdoba*, il *Mar de Nápoles* divenne *Corona* e il *Marina de Sicilia* divenne *Palencia*.

Nel 1718, con parte della truppa del secondo battaglione del reggimento Corona e altre compagnie sciolte, vennero formati i primi quattro battaglioni del Corpo dei battaglioni di fanteria di marina, i quali presero i nomi di *Armada, Marina, Bajeles* e *Océano*.

Oltre a questi battaglioni vi era anche il battaglione *Mediterraneo* (chiamato a partire dal 1728 battaglione *de Galeras*), nato per essere integrato nella nuova marina reale, salvo poi essere sciolto nel 1748.[16]

Nel 1731, a questi cinque battaglioni se ne aggiunse anche un sesto, il Barlovento, creato a Veracruz per combattere la pirateria.

Nel 1734 i battaglioni vennero numerati dal 1º al 6º. Successivamente, nel 1741, durante la guerra dell'orecchio di Jenkins, vennero portati momentaneamente ad otto.

Con una struttura simile all'esercito, il Corpo dei battaglioni di marina era però sottoposto al comando di un Ufficiale Generale della marina spagnola.

Per quanto riguarda le tattiche e le strategie utilizzate da questo corpo, occorre dire innazitutto che i battaglioni di marina essendo stati creati con il compito di proteggere installazioni fisse e le navi della marina, erano addestrati all'utilizzo delle artiglierie di bordo (artiglieri di marina) e al combattimento ravvicinato sulle navi, sia in difesa che operando abbordaggi delle navi avversarie. Nei combattimenti navali dell'epoca, infatti, si doveva ricorrere spesso a questo tipo di operazioni, saltando con le armi sul ponte della nave nemica e ingaggiando il nemico in scontri corpo a corpo, al fine di costringerlo alla resa e fare bottino.

Per quanto riguarda le armi in dotazione, i fanti di mare disponevano dell'armamento tipico della fanteria di terra, ma erano anche dotati di asce e sciabole d'abbordaggio. Amate anche da pirati e bucanieri, queste sciabole rappresentavano armi ideali durante gli abbordaggi, nei combattimenti ravvicinati negli spazi angusti dei velieri dell'epoca.

Efficaci negli arrembaggi e per presidiare piazzeforti, porti e altre istallazioni militari (come dimostrarono ad esempio nella difesa del Morro dell'Avana del 1762), i fanti di marina mancavano però dell'addestramento necessario per operare a terra integrandosi tatticamente con le unità di fanteria dell'esercito. Erano, infatti, in grado di eseguire sbarchi in "colonne", costituite dalla somma delle guarnigioni delle navi che intervenivano nell'azione, ma mancavano di una organizzazione tattica efficace per il combattimento sulla terraferma.

---

15   Santiago Gómez, La Armada Real al comienzo de la Guerra de Asiento. 1739.
16   Ministerio de la Defensa, La Infanteria de Marina Espanola, CAE-UVICOA, 2011, pag.22.

▲ Reggimenti di fanteria spagnola presenti a cartagena de Indias. Reggimento Toledo.

▲ Reggimenti di fanteria spagnola presenti a cartagena de Indias. Reggimento di Navarra.

2. La potenza imperiale britannica nella prima metà del '700

Nella prima metà del '700, lo sviluppo economico e finanziario continuò ad essere il principale fattore nell'ascesa della Gran Bretagana quale potenza militare e all'espansione del suo impero. Anche se la rivoluzione industriale sarebbe arrivata solo alcuni decenni più tardi (gli storici ne datano l'inizio tra il 1770 e il 1780), in questo periodo l'economia britannica continuava a svilupparsi rapidamente.

Internamente, continuarono a crescere settori come quello laniero, tessile, metallurgico, della confezione di abiti in seta, cotone e lino, e minerario (estrazione del carbone).

Anche l'agricoltura subì profondi cambiamenti, poiché vennero introdotte nuove tecniche per aumentare la fertilità dei suoli (rotazione delle colture tra barbabietola e trifoglio, concimazione del terreno con concine animale), estesi i drenaggi dei terreni e sostituite colture poco produttive, come la segale, con altre a maggior resa, come il grano e il farro.

Le campagne continuarono ad essere investite anche da processi di *"enclosure"*, ossia di recinzione delle terre comuni (demaniali) a favore della nobiltà. Dove il suolo era più fertile, i proprietari terrieri iniziarono anche ad acquisire nuove proprietà e a trasformare le piccole fattorie a gestione familiare in grandi imprese commerciali, con lo scopo di soddisfare la crescente domanda del mercato di prodotti agricoli. L'agricoltura divenne così un'attività imprenditoriale più che un'attività di sussistenza e i piccoli proprietari terrieri, da contadini divennero gradualmente braccianti.

Il crescente benessere e il rapido aumento della popolazione venivano sempre più sostenuti dai profitti generati dal commercio internazionale.

Si producevano pentole e bollitori di ottone, pietre focaie, lucchetti, coltelli, forbici, bottoni, rasoi, armi da fuoco e polvere pirica, e si acquistavano perline di vetro da Venezia e dalla Boemia, e vestiti in cotone dall'Asia per scambiarli in África, con schiavi da rivendere nelle Americhe e nelle Indie Occidentali. E proprio nelle Indie occidentali si scambiavano con il tabacco e lo zucchero, il prodotto più ambito proveniente dalle Americhe.

Sebbene la gran parte della popolazione vivesse ancora nelle campagne, i paesi iniziarono a crescere e, di lì a pochi decenni, molti di questi si sarebbero trasformati in città. Città portuali come Liverpool e Bristol inizarono a prosperare grazie al commercio con l'estero.

Vennero costruiti strade e canali per connettere il resto del paese con Londra che, con i suoi 630.000 abitanti, poteva già considerarsi la più grande città in Europa. Completamente ricostruita in pietra e mattoni dopo il disastroso incendio del 1666, aveva fognature in mattoni, condotte per l'acqua e illuminazione pubblica. Il commercio con l'estero, inoltre, aumentava la richiesta per nuove navi da carico e iniziava a trainare il settore della cantieristica navale, creando posti di lavoro nei docks di Londra, e diffondeva il commercio all'ingrosso e al dettaglio in tutto il paese.

Lo sviluppo economico e quello finanziario iniziarono ad alimentare inoltre un potere militare crescente, presupposto fondamentale per l'espansione dell'impero, il quale, a differenza di quanto avveniva in Spagna, divenne a sua volta un elemento chiave dello sviluppo economico del paese.

La nascita di istituzioni finanziarie quali la Bank of England (1694) e la Bank of Schotland (1695) non solo aiutò l'economia a far aumentare la circolazione monetaria e la velocità delle transazioni commerciali nel paese, ma sostenne anche il sistema di indebitamento dello stato, mobilitando le risorse necessarie per finanziare le forze armate e le spedizioni militari su una scala mai raggiunta in passato.

2.1 L'ESERCITO

Dopo la guerra della Grande alleanza, tra il 1697 e il 1700, la consistenza dell'esercito britannico era stata ridotta drasticamente, passando da 100.000 uomini a poco più di 20.000, poco meno di quello spagnolo. A differenza di quest'ultimo, però, nei primi anni del '700, l'esercito britannico poteva già considerarsi una forza modernamente organizzata e con una grande esperienza, acquisita nei principali campi di battaglia europei.

La riforma aveva anche comportato la smobilitazione di 23.000 soldati appartenenti a unità straniere. Quelli appartenenti al reggimento Brandeburg, alle Blue Guards e alle Horse Guards olandesi ritornarono nei loro paesi. Senza alcuna riconoscenza, furono smobilitati i reggimenti ugonotti, che si erano particolarmente distinti durante il conflitto.

Oltre a sopprimere decine di reggimenti, venne dimezzato il numero dei soldati per compagnia, mantenendo però invariato il numero degli ufficiali e dei sottufficiali. Questo ridusse l'impato della smobilitazione, consentendo all'esercito di mantenere la professionalità e l'esperienza acquista dagli ufficiali e da parte della truppa.

L'esercito britannico, quindi, che dal suo momento di maggior auge aveva disposto di 67 reggimenti di fanteria, 11 di cavalleria e 13 di dragoni, si ridusse a 31 reggimenti di fanteria (10 dei quali inglesi o scozzesi), 11 di cavalleria (7 dei quali inglesi o scozzesi) e 9 di dragoni (6 dei quali inglesi o scozzesi).

Una volta scoppiata la Guerra di successione spagnola, però, l'organico dell'esercito venne nuovamente espanso, fino a raggiungere i 150.000 uomini.[1] La Gran Bretagna passò così da essere una potenza meramente marittima a una delle principali potenze terrestri d'Europa.

I reggimenti venivano contrassegnati con un numero che ne indicava l'anzianità di servizio nell'esercito britannico, ma venivano conosciuti con i nomi dei loro colonnelli. Questo modo di denominare i reggimenti, soprattutto in operazioni complesse, poteva causare confusione, dato che i colonnelli potevano cambiare anche spesso, per le più svariate cause. A Cartagena de Indias, ad esempio, questo accadde con grande frequenza a causa dello scorbuto e di morbi tropicali che falcidiavano i ranghi britannici. Il sistema numerico per indicare i reggimenti verrà ufficialmente utilizzato solo nel 1751.

Per quanto riguarda il sistema di comando sul campo, il comandante aveva uno staff alle sue dirette dipendenze, tra cui l'aiutante generale, che gestiva le finanze, le licenze e le questioni legali, e il quartiermastro generale, responsabile dell'organizzazione degli alloggiamenti e degli spostamenti. Vi erano inolte distinti comandanti per l'artiglieria, e funzionari incaricati della gestione delle forniture (*commissary officers*). Il comandante di un'esercito poteva, infine, disporre di una segreteria, responsabile per le promozioni, la corte marziale e la corrispondenza ufficiale.

Nel corso della prima metà del '700, lo sviluppo imperiale della Gran Bretagna iniziò a creare una crescente dispersione delle unità dell'esercito. In questo contesto, a differenza di quanto accadeva nel resto d'Europa, dove il reggimento si affermava come unità tattica di base, in Gran Bretagna diventò sempre più un'unità principalmente amministrativa, mentre si andò affermando il battaglione, quale unità tattica di base. La figura del colonnello divenne quindi quella di un funzionario amministrativo, sempre più raramente coinvolto negli aspetti tattici. Il comandante sul campo dell'unità tattica di base, divenne quindi il tenente colonnello. Col tempo, inoltre, molti reggimenti si ridussero ad avere un singolo battaglione, un magazzino e un ufficio di reclutamento sul territorio nazionale, se di stanza all'estero.

Nella prima metà del '700, l'esercito britannico venne impegnato su quattro teatri operativi principali: in Europa, nei Caraibi, nel Nord America e in Scozia. In Europa e nelle Americhe, la Gran Bretagna fu coinvolta con regolarità in tutti i principali conflitti: la guerra di successione spagnola (1701-

---

1   Peter Young, J.P. Lawford, History of the British Army, Littlehampton Book Services, Worthing, 1970.

1713); la guerra della quadruplice alleanza (1718-1720);la guerra anglo-spagnola (1727-1729); e la guerra dell'orecchio di Jenkins (1739-1742), successivamente confluita nella guerra di successione austriaca (1740-1748). Al suo interno, la Gran Bretagna venne minata dai ripetuti tentativi della deposta casata degli Stewart di riguadagnare il trono. In Scozia ebbero luogo numerose rivolte giacobite, spesso in relazione ai conflitti dell'Europa continentale. Si dovette attendere il 1746, con la battaglia di Culloden, perché queste minacce interne cessassero del tutto.

Poiché, con l'espansione dell'impero, l'esercito veniva sempre più spesso inviato nelle colonie, si iniziò a reclutare truppe in loco.

Inizialmente le truppe coloniali erano parte dell'esercito britannico, come ad esempio il 43° reggimento americano a Cartagena de Indias. Solo a partire dalla metà del '700, come nel caso delle milizie utilizzate dalla British East India Company, vennero create forze che, pur cooperando con l'esercito britannico, mantenevano uno status e una gestione distinta.

Come la maggior parte degli eserciti di quel periodo, per il reclutamento anche in Gran Bretagna si ricorreva a un misto di allettamento e costrizione. Ogni reggimento era responsabile del reclutamento delle proprie truppe e ciascun colonnello aveva l'incarico di guidare per paesi e villaggi i propri *recruiting parties*, gruppi di militari specializzati nell'avvicinare e convincere i giovani idonei al servizio militare ad entrare nell'esercito. Occasionalmente, l'esercito ricorreva anche al reclutamento coatto, anche tramite le cosiddette *press gang*, gruppi di reclutatori a cui veniva dato il compito di arruolare con la forza persone colte a caso per le strade.

I soldati che servivano nell'esercito britannico provenivano spesso dalle classi sociali più povere e disagiate e, tra questi, non mancavano i senza fissa dimora e i vagabondi. Davanti a loro si prospettava nella gan parte dei casi un futuro fatto di disagi, lontananza dalla madrepatria e guerre. La vita dei soldati era grama, fatta di duro addestramento e punizioni per ogni minimo errore, che andavano dalle frustate alla pena di morte, che veniva però comminata solo in caso di diserzione o altri gravi reati.

Le condizioni di vita dei soldati peggioravano durante le campagne militari, quando si potevano prendere in considerazione solo le necessità più basiche. Tuttavia, molti disoccupati sceglievano volontariamente di arrualarsi, pur di sfuggire alla miseria o alle terribili condizioni di vita nelle città e guadagnare un salario che, anche se basso (quello di un soldato di fanteria era meno della metà di quello di un comune operaio), era comunque meglio di niente.

Per venire incontro alle esigenze della truppa, durante le campagne militari l'esercito permetteva a un certo numero di commercianti (che vendevano superalcolici, caffè, birra e altri prodotti) di seguire l'esercito con i loro carri. Alla forza potevano inoltre aggregarsi alcune donne, alcune delle quali mogli dei soldati.

Tenute a svolgere qualsiasi mansione fosse necessaria, queste donne si rivelavano molto utili all'interno degli accampamenti militari. Sbarcavano il lunario offrendosi come sarte, lavandaie, aiutanti dei commercianti nella preparazione e somministrazione dei pasti e delle bevande.

Non mancavano poi le prostitute. Per quanto l'esercito cercasse di limitarne la presenza, una volta lasciata la Gran Bretagna, durante le

▲ 1° Reggimento marines britannici 1741

campagne militari un elevato numero di donne di ogni tipo si aggregava alle truppe. In base a una regola non scritta, le prostitute potevano esercitare il loro mestiere solo con discrezione, sia con gli ufficiali che con i soldati, e se venivano colte sul fatto rischiavano di essere frustate in pubblico. In realtà, pare che l'attività di prostituzione all'interno degli accampamenti avesse anche dei vantaggi, poché riduceva il tasso di diserzione.

Dopo le battaglie, le donne si trasformavano in saccheggiatrici, rapide ed efficienti nel derubare gli effetti personali dei caduti, ma anche capaci, a volte, di salvare i feriti. Una di queste, Christian Davies (conosciuta come Mother Ross), è divenuta leggendaria per le sue imprese, raccontate da Daniel Defoe nel libro biografico "Mother Ross: The Life and Adventures of Mrs. Christian Davies, Commonly Called Mother Ross, on Campaign with the Duke of Marlborough".[2]

Le mogli che seguivano i mariti durante le campagne spesso si ritrovavano vedove e si risposavano con altri militari. Nei diari degli ufficiali talvolta si registravano parti durante le campagne.

---

2   Daniel Defoe, Mother Ross: The Life and Adventures of Mrs. Christian Davies, Commonly Called Mother Ross, on Campaign with the Duke of Marlborough, Leonaur, Driffield, 2011.

▲ Reggimenti di fanteria di marina britannici nel 1742 da sinistra: 8°,9°,2°,10° e 5°

Oltre all'esercito regolare, esisteva la milizia, i cui membri, dal 1757 in poi, vennero scelti per sorteggio. Creata dal re Carlo II nel 1660, la milizia era uno strumento gestito a livello di contea, ma finanziato dal governo centrale. Utile strumento di difesa territoriale, nel corso del '700 andò perdendo la sua importanza, pur continuando ad operare come forza di riserva dell'esercito regolare.

Molti aspiranti ufficiali dovevano acquistare le nomine. Questo era visto come una prova dello "stato di appartenenza ai ceti benestanti", poiché il prezzo da pagare era elevato, e solo le persone più abbienti, nobili o borghesi che fossero, potevano permetterselo.

Nel corso del '700, la forte crescita del potere economico della borghesia fece aumentare la presenza di borghesi tra gli ufficiali dell'esercito, riducendo quella dei nobili. Se una gran parte degli ufficiali proveniva dalla milizia, solo una piccola parte era rappresentata da gentiluomini volontari che, entrati come soldati semplici, rimanevano tali finché non si rendeva disponibile una posizione di ufficiale non a pagamento.

Nel tempo, per migliorare la qualità degli ufficiali, furono introdotte regole più stringenti per la vendita delle nomine per gli avanzamenti di grado degli ufficiali, stabilendo che questi avrebbero dovuto acquisire almeno due anni di esperienza nell'esercito prima di essere promossi al grado di capitano, e sei anni per quello successivo di maggiore.

Come era comune in questo periodo, le uniformi erano composte da cappello a tricorno, camicione, gilé, giacca lunga (marsina) con paramani creati risvoltando le maniche,

▲ 43° reggimento di fanteria di linea americano, conosciuto anche con il nome di *Gooch's American regiment*, dal Cloathing Book of 1740.

calzoni aderenti e ghette di tela. Queste uniformi risultavano scomode, eccessivamente attillate e poco pratiche, sebbene i soldati cercassero di vestire taglie più grandi per aumentarne la praticità e il confort.

Per quanto riguarda il vitto, ai soldati venivano di solito dati pane, carne, riso o, in alternativa, avena o patate, nonché birra e rum. La birra veniva fornita giornalmente in grandi quantità, ma aveva una gradazione alcolica molto bassa. Il rum veniva fortemente annacquato.

Durante le campagne militari, spesso risultva impossibile garantire razioni alimentari adeguate alla truppa, a causa dei problemi logistici. Era così pratica comune procurarsi generi alimentari sul campo, rastrellandoli o acquistandoli, a seconda della disponibilità del territorio e delle capacità dei comandanti. Il problema del vettovagliamento delle truppe rimaneva uno dei principali punti deboli dell'esercito in quel periodo. Non era raro, infatti, che i soldati soffrissero di problemi di malnutrizione, anche gravi, come durante l'assedio di Cartagena de Indias.

2.2 LA ROYAL NAVY ALLA VIGILIA DELLA GUERRA DELL'ORECCHIO DI JENKINS

Nata nel 1707 in seguito all'unione dei regni di Inghilterra e Scozia, già a partire dal 1713, con la smobilitazione della flotta olandese, la Marina reale Britannica era divenuta la più potente marina da guerra del mondo.

Nel corso del '700, il potere navale della Gran Bretagna crebbe costantemente, sostenuto da un robusto piano di riarmo, retto da moderni metodi di finanziamento pubblico.

Agli inizi del 1739, la Gran Bretagna era potenzialmente in grado di mobilitare 134 navi, tra vascelli e fregate, molte delle quali si trovavano nei porti a diversi stadi di efficienza operativa.

Nel marzo del 1739 l'ammiragliato ordinò di armare un primo lotto di 12 navi. In aprile vennero varati i vascelli Duke e Boyne (entrambi da 80 cannoni). Per sopperire alla carenza di equipaggi, in giugno venne impartito l'ordine di reclutare forzosamente, entro la fine dell'anno, 18.000 marinai e armare un altro lotto di 30 navi. Queste misure venivano seguite, nel luglio dello stesso anno, dall'ordine di requisire tutte le navi mercantili presenti nei porti di Gran Bretagna e Irlanda.

Lo sforzo fu tale che entro l'agosto del 1739 si trovavano armate o armabili in breve tempo 113 navi da guerra. Tra queste risultavano già operative: una da 90 pezzi, cinque da 80, 12 da 70, 20 da 60, 19 da 50 e 18 da 20, oltre a brulotti, bombarde e altre unità minori. Oltre a queste, vi erano altre 50 unità che potevano essere armate in breve tempo, tra le quali: due da 100 cannoni, due da 90, sei da 80, quattro da 70, 10 da 60, tre da 40 e cinque da 22, oltre a diverse piccole imbarcazioni.

Grazie a questo sforzo, l'11 dicembre 1739, la Gran Bretagna aveva mobilitato 129 navi da guerra, tra vascelli e fregate.[3]

All'inizio della guerra dell'orecchio di Jenkins, il vero problema per la marina britannica era rappresentato dalla carenza di equipaggi, tanto che quasi sempre doveva ricorrere al meccanismo della leva obbligatoria. Nel settembre 1739, mancavano 9.000 marinai per tutte le navi allestite. Poiché la necessità per l'anno successivo era di altri 35.000 marinai, l'ammiragliato dovette adottare misure urgenti, come l'arruolamento a forza di un marinaio su cinque impiegato sulle navi mercantili e alcuni disperati. Questo sistema di reclutamento aveva ripercussioni negative per i commercianti poiché rischiava di bloccare le imbarcazioni da carico nei porti e danneggiare le attività commerciali. Inoltre, il reclutamento forzoso degli equipaggi rischiava di provocare non pochi problemi a bordo delle navi, problemi che venivano contrastati con un sistema di punizioni estremamente duro, che per l'ammutinamento e altri gravi reati arrivava a comportare anche l'impiccagione.

I marinai venivano prelevati non solo nei porti britannici e nelle colonie, ma anche in paesi alleati o neutrali. Ad esempio, nel febbraio 1741, a Libona, il capitano della fregata Deal Castle, in partenza

---

3   Santiago Gómez, La Armada Real al comienzo de la Guerra de Asiento. 1739,

verso Spithead, prima di salpare sequestrò 12 marinai di diversa nazionalità, obbligandoli a salire a bordo della sua nave. Venutolo a sapere, il Re del Portogallo chiese al capitano che prima di salpare rilasciasse gli uomini e ordinò ai comandanti dei forti del fiume Tajo di sparare contro la fregata, qualora questa avesse tentato di lasciare il porto. Il capitano britannico fu costretto quindi a rilasciare i marinai e a porgere le sue scuse al re.

Inoltre, se nel 1739 la marina britannica poteva disporre di ben 134 navi, 101 delle quali da 50 a 100 cannoni, diverse tra queste erano arrivate alla fine della loro vita operativa. Infatti, tra il 1740 e il 1748 la *Royal Navy* dismise per raggiunta vetustà 51 di queste navi[4] (demolendone, vendendone per demolizione, o affondandole con lo scopo di utilizzarle come frangiflutti 36, trasformandone in pontoni galleggianti 13 e convertendone in navi ospedale due) e ne demolì e ricostruì *ex novo* altre 40. Molte navi britanniche si erano andate deteriorando nei porti a causa dei lunghi periodi di inattività, dovuti agli anni di pace. In più, anche l'organizzazione e i comandi superiori della Royal Navy suscitavano perplessità. Come la marina spagnola, anche quella britannica soffriva, infatti, per le difficoltà nel reclutamento di equipaggi qualificati ed era inoltre penalizzata dal fatto di essere guidata ai livelli più alti da ufficiali molto anziani, meritevoli ma decrepiti: il prodotto di un sistema che non lasciava spazio a ufficiali più giovani e intraprendenti. Ad esempio, il perito della marina Jacob Acworth, la figura dominante all'interno del consiglio della marina, aveva circa 70 anni di età e conservava l'incarico dal 1715.[5] Il primo lord dell'ammiragliato, Charles Wager, al momento dello scoppio del conflitto ne aveva 73, John Norris, comandante in capo della flotta 78, e Josiah Burchett, il segretario ben 83, con 45 anni di servizio nella stessa carica.

Tabella 3 - La Royal Navy nel 1739: lista delle unità*			
Vascelli/fregate	Portelli cannoni	Anno di costruzione e cessazione attività	Unità perdute nel periodo 1740-1748: Motivo della perdita.
Britannia	100	1719-1749	
Royal George	100	1715-1767	
Royal Sovereign	100	1701-1768	
Victory	100	1738-1744	N
London	96	1706-1747	D
Blenheim	90	1709-1763	
Barfleur	90	1716-1783	
Princess Royal	90	1728-1773	
Duke	90	1739-1769	
Marlborough	90	1732-1762	
Namur	90	1729-1749	
Neptune	90	1730-1784	
Prince George	90	1723-1768	
Ramillies	90	1706-1760	R - tra il 1742 e il 1743.
Sandwich	90	1715-1770	
Union	90	1726-1749	
Boyne	80	1739-1763	
Cambridge	80	1715-1749	
Chichester	80	1706-1749	
Cornwall	80	1726-1761	
Cumberland	80	1739-1760	
Devonshire	80	1710-1760	TP - nel 1740.
Dorsetshire	80	1712-1749	
Princess Amelia	80	1726-1752	
Lancaster	80	1722-1773	R - tra il 1743 e il 1749, con dotazione cannoni ridotta a 66 pezzi.
Newark	80	1717-1787	
Norfolk	80	1828-1757	

4   Periodo corrispondente con quello della guerra dell'orecchio di Jenkins e della guerra di successione austriaca, nella quale la prima sarebbe confluita.

5   Glyn Williams, The prize of all oceans, Penguin Books, London. 1999.

Princess Caroline	80	1731-1764	
Russell	80	1735-1762	
Shrewsbury	80	1713-1749	
Somerset	80	1731-1746	D
Torbay	80	1719-1749	
Berwick	70	1723-1763	TP - nel 1743.
Burford	70	1722-1752	
Buckingham	70	1731-1745	D
Edinburgh	70	1721-1771	R - tra il 1741 e il 1744, con dotazione cannoni ridotta a 64 pezzi.
Elizabeth	70	1737-1766	
Grafton	70	1725-1744	D
Hampton Court	70	1709-1744	D
Ipswich	70	1730-1764	
Kent	70	1724-1744	
Lennox	70	1723-1756	
Northumberland	70	1721-1744	R - tra il 1741 e il 1743, con dotazione cannoni ridotta a 66 pezzi. Catturata dai francesi nel 1744.
Orford	70	1727-1745	D
Plymouth	70	1722-1764	
Prince of Orange	70	1734-1772	Dotazione cannoni ridotta a 60 pezzi nel 1748.
Suffolk	70	1739-1765	
Yarmouth	70	1709-1769	TP - nel 1740.
Centurion	64	1732-1769	Ridotto a 50 cannoni nel 1744.
Defiance	64	1707-1749	TP - nel 1743
Dreadnough	64	1706-1748	TP - nel 1740. Demolita nel 1748.
Augusta	60	1736-1765	
Canterbury	60	1722-1770	R - tra il 1741 e il 1744, con dotazione cannoni ridotta a 58 pezzi.
Dragon	60	1736-1757	
Dunkirk	60	1734-1749	
Exeter	60	1697-1763	R - tra il 1740 e il 1744.
Jersey	60	1736-1783	
Medway	60	1718-1749	TP - nel 1740
Montagu	60	1716-1749	
Rippon	60	1735-1751	
Depford	60	1732-1767	
Lion	60	1738-1765	
Pembroke	60	1733-1749	
Princess Louisa	60	1732-1742	D
Strafford	60	1735-1756	
Sunderland	60	1724-1761	R – tra il 1742 1744, con dotazione di cannoni ridotta a 58 pezzi.
Superb	60	1736-1757	
Tilbury	60	1733-1742	I
Warwick	60	1733-1756	
Weymouth	60	1736-1745	Dismessa e rottamata
Windsor	60	1729-1777	R - tra il 1742 e il 1745.
Worcester	60	1735-1765	
York	60	1739-1751	
Greenwich	54	1730-1744	Dismessa e demolita
Advice	50	1712-1749	Milford dal 1744
Argyll	50	1722-1748	D
Assistance	50	1725-1745	D
Bristol	50	1711-1768	R – tra il 1742 e il 1746.
Chatham	50	1721-1749	
Chester	50	1708-1749	
Colchester	50	1721-1742	D

Deptford	60	1732-1767	
Diamond	50	1722-1744	D
Falmouth	50	1708-1747	D
Falkland	50	1720-1768	R – tra il 1742 e il 1744.
Gloucester	50	1737-1742	IC
Lichfield	50	1730-1744	D
Nonsuch	50	1717-1745	TP - nel 1740.
Norwich	50	1718-1771	
Newcastle	50	1732-1746	D
Oxford	50	1727-1758	
Panther	50	1716-1768	TP - nel 1743.
Portland	50	1723-1743	D
Rochester	50	1715-1748	H e ribattezzato Maidstone nel 1744.
Romney	50	1726-1757	
Ruby	50	1708-1748	Ribattezzato Marmaid nel 1744, con una dotazione di cannoni ridotta a 44 pezzi. D - nel 1748.
St. Albans	50	1737-1744	N
Salisbury	50	1726-1749	TP - nel 1744.
Severn	50	1739-1746	C - Catturata dai francesi nel 1746 e ricatturata dagli inglesi nel 1747, ma non rientrata in servizio.
Sutherland	50	1716-1754	H - nel 1741.
Winchester	50	1717-1781	TP - nel 1774
Anglesea	44	1725-1742	C
Eltham	44	1736-1763	
Enterprise	44	1709-1740	TP - nel 1740. e H nel 1745.
Fowey	44	1709-1746	Ribattezzato Queensborough, dal 1744. D nel 1746.
Hector	44	1721-1742	D
Lark	44	1726-1744	TP - nel 1742.
Roebuck	42	1722-1743	D
Sapphire	42	1708-1745	TP - nel 1740.
Southsea Castle	42	1724-1744	D
Adventure	40	1726-1741	D
Ludlow Castle	40	1724-1749	
Torrington	40	1729-1744	TP - nel 1740. D nel 1744.
Pearl	40	1726-1744	D
Kinsale	32	1725-1741	D
Mary Galley	32	1727-1743	D
Tartan	32	1733-1755	
Tiger	32	1721-1742	D
Flamborough	24	1727-1748	D
Kennington	24	1736-1749	
Seaford	24	1724-1740	D
Squirrell	24	1707-1749	
Aldborough	20	1727-1742	D
Blandford	20	1719-1742	D
Deal Castle	20	1727-1746	D
Dolphin	20	1732-1760	
Dursley Galley	20	1718-1745	D
Gibraltar	20	1727-1749	
Lowestoffe	20	1723-1774	
Phoenix	20	1728-1744	D
Port Mahon	20	1711-1740	D
Seahorse	20	1727-1748	D
Shoreham	20	1720-1744	D
Sheerness	20	1731-1744	D

* Elaborazione personale dell'autore

Note: N=Naufragio; D=Dismissione; R=Ricostruzione ex-novo; I=Incendio; IC=Incendio volontario; TP=Trasformazione in pontone galleggiante; H=Trasformazione in nave ospedale.

▲ Reggimenti di fanteria di marina britannici nel 1742. A sinistra il nr. 2 a destra il nr.. 6

2.3 LA FANTERIA DI MARINA

Creato durante le guerre della seconda metà del '600, e successivamente sciolto, il corpo dei *marines* britannici venne istituto nuovamente nel 1739, in previsione della guerra dell'Orecchio di Jenkins, con la costituzione di un primo gruppo di sei reggimenti:

1° reggimento marines (o 44° di linea, noto con il nome di reggimento di Edward Wolfe);

2° reggimento marines (o 45° di linea, noto con il nome di reggimento di William Robinson);

3° reggimento marines (o 46° di linea, noto con il nome di reggimento di Anthony Lowther);

4° reggimento marines (o 47° di linea, noto con il nome di reggimento di John Wynyard);

5° reggimento marines (o 48° di linea, noto con il nome di reggimento di Charles Douglass);

6° reggimento marines (o 49° di linea, noto con il nome di reggimento di Lewis Moreton).

L'anno successivo i reggimenti vennero portati a 10, con l'aggiunta delle numerazioni 7° (50° di linea), 8° (51° di linea), 9° (52° di linea) e 10° (53° di linea). Questi reggimenti furono mantenuti in attività fino alla fine della Guerra di successione austriaca (1748) e, in seguito, nuovamente sciolti, per essere successivamente ricreati durante la guerra dei sette anni (1756-63).

Erano reclutati in modo simile ai reggimenti dell'esercito, ma avevano al loro interno una percentuale più bassa di irlandesi, a causa delle restrizioni relative al reclutamento di cattolici vigenti nella marina britannica fino al 1804.[6]

▲ Il capitano dei marines Lawrence Washington

Una volta reclutati e dotati di un armamento che non differiva sostanzialmente da quello dei fanti di terra, i marines erano addestrati ad operare come forza di protezione delle navi e da sbarco. I fanti di marina condividevano con i marinai la dura vita sui velieri dell'epoca. A differenza dei fanti di marina spagnoli (i quali rappresentavano spesso oltre un terzo degli uomini imbarcati), i marines costituivano una presenza meno consistente sulle navi britanniche, con un rapporto pressappoco pari a un fante per ogni cannone, ed erano armati in modo meno vario. Inoltre, mentre i fanti di marina spagnoli si dividevano in fanti e artiglieri (questi ultimi con il compito di gestire i cannoni imbarcati sulle navi), sulle navi inglesi l'artiglieria era governata direttamente dai marinai. Quando venivano fatti scendere a terra per gestire una situazione di tensione, i *marines* di solito scendevano insieme ai marinai, questi ultimi armati di spade e corte sciabole (*cutlass*), e in caso di necessità coadiuvavano l'azione dei *marines*. A Cartagena de Indias, oltre ai reggimenti di *marines* metropolitani, furono inviati anche 3.119 miliziani delle colonie americane per operare come forza da sbarco, inquadrati in quattro battaglioni nel 43° reggimento, al comando del Colonnello William Gooch, che sostituì il defunto generale Spotswood, governatore della Virginia e fondatore del corpo, deceduto prima della partenza del contingente americano. Trascurati dal governo e dai comandi britannici, una volta giunti in Giamaica, però, i soldati del 43° reggimento vennero privati di cibo e paga, e utilizzati sulle navi come marinai durante la navigazione, per sopperire alla mancanza degli equipaggi. Questo reggimento si sarebbe guadagnato in seguito una cattiva reputazione tra le forze britanniche, in quanto considerato indisciplinato e composto da elementi poco motivati. Con la fine delle ostilità nei Caraibi, nel 1742, venne soppresso. Questo nucleo di *marines* americani, di cui fece parte anche il capitano Lawrence Washington, fratellastro del futuro artefice dell'indipendenza americana, George, è oggi considerato il precursore del corpo dei marines degli Stati Uniti.

---

[6]   Britt Zerbe, The Birth of the Royal Marines, 1664-1802, The Boydell Press, Woodbridge, 2013, p.83.

3. La guerra dell'orecchio di Jenkins (1739-1742)

3.1 LE RAGIONI DELLA GUERRA

Sin dalla seconda metà del XVI secolo, le frequenti guerre e le rivalità tra Spagna, Gran Bretagna e Francia, nonché la presenza di attività corsare e di comune pirateria nel mar dei Caraibi, avevano obbligato la Spagna a istituire le "Flotte delle Indie Occidentali", un sistema di convogli che garantisse la sicurezza nei collegamenti tra le colonie americane e la madrepatria. Tale sistema aveva anche il compito di assicurare il funzionamento del monopolio del commercio spagnolo con le Americhe e costituiva l'essenza di tutto il commercio e tutta la navigazione tra la Spagna e le sue colonie.

Le flotte spagnole che collegavano i possedimenti americani alla madrepatria seguivano un preciso schema di viaggio. Quelle che salpavano dalla Spagna partivano da Siviglia e, dopo una sosta a Cadice, effettuavano la traversata dell'Oceano Atlantico, facendo scalo nell'isola di Dominica e nel porto dell'Avana. Da qui i convogli si dividevano poi in due parti, una si dirigeva a Cartagena de Indias (nell'odierna Colombia) e l'altra a Veracruz (nell'odierno Messico). Il convoglio di Cartagena de Indias, una volta giunto in questa città, attendeva che a Panama (sull'Oceano Pacifico) arrivasse la flotta del mare del sud che trasportava l'argento estratto dalle miniere del Vicereame del Perù. Nel frattempo, nella città di Cartagena de Indias si teneva una fiera annuale che vedeva la partecipazione di commercianti provenienti da tutta la regione. Una volta giunta la notizia dell'arrivo a Panama della flotta che trasportava l'argento, la flotta di Cartagena salpava nuovamente e faceva rotta per Portobello, terminale caraibico dell'argento che arrivava da Panama, dove si celebrava un'altra grande fiera annuale. Al ritorno, prima di ripartire per la Spagna, le flotte si concentravano nuovamente all'Avana. Lasciata l'Avana, prima di lasciare definitivamente il contiente americano, facevano infine un ultimo scalo a Cartagena de Indias.

Il perno strategico del sistema era l'Avana, città che non solo disponeva del più importante porto di tutte le colonie spagnole nel nuovo mondo, ma anche era anche dell'unico arsenale in grado di costruire e riparare vascelli da guerra, e di abbondanti risorse di legname, essenziali per garantire a lungo l'efficienza di grandi flotte nelle acque dei Caraibi.

All'inizio del XVIII secolo, la Gran Bretagna, in piena ascesa come potenza navale e commerciale, iniziò ad esercitare una crescente pressione verso i domini spagnoli del nuovo mondo. Il trattato di Utrecht del 1713, che poneva fine alla guerra di successione spagnola, aveva sancito il ritorno allo status quo ante, riconoscendo al Regno di Spagna il completo monopolio del commercio con le sue colonie, con l'unica eccezione del diritto della Gran Bretagna di esercitare con le colonie spagnole del nuovo mondo l'asiento, ovvero il commercio degli schiavi (risorsa umana di cui le colonie americane avevano una grande necessità) e di effettuare tramite un'apposita imbarcazione mercantile, il commercio di 500 tonnellate di merci varie all'anno, libere da imposte. In cambio di queste concessioni, alla corona spagnola sarebbe spettato il 25% degli utili pagabili ogni cinque anni, rivalutati al tasso dell'8%.[1]

Le limitazioni al commercio poste dalla Spagna alle sue colonie, nonché l'elevata domanda di prodotti provenienti dall'Europa, finirono però per alimentare un fiorente contrabbando tra la Gran Bretagna e

---

1   Salvador Carmona, Rafael Donoso, Stephen P Walker, "Accounting and International Relations: Britain, Spain and the Asiento Treaty", Accounting Organizations and Society, febbraio 2010, vol. 35, pag. 267.

▲ Cattura di Portobello, 21 novembre 1739, da parte del Vice Admiral Edward Vernon durante la la Guerra dell'Orecchio di Jenkins

i possedimenti spagnoli in America, il quale a sua volta fece riemengere le tensioni tra le due potenze. L'asiento, che era gestito in regime di monopolio dalla britannica Compagnia dei Mari del Sud, divenne un veicolo per gestire commerci illeciti. Secondo il trattato sull'asiento, la Compagnia dei Mari del Sud era obbligata a fornire alla corona spagnola le informazioni finanziarie sulle sue attività,[2] anche se spesso mancava di farlo. Il non rispetto di quest'obbligo stabilito dal trattato divenne un ulteriore fattore di deterioramento delle relazioni tra Spagna e Gran Bretagna.

Dopo la fine della guerra di successione spagnola, Spagna e Gran Bretagna continuarono così ad alternare periodi di relazioni pacifiche a momenti di tensione che sfociarono, periodicamente, in vere e proprie guerre, come ad esempio quella della Quadruplice Alleanza (1718-1720), il blocco navale inglese di Portobello (1726) e la guerra anglo-spagnola (1727-1729).

Con il trattato di Siviglia del 1729, che pose fine a quest'ultima, la Gran Bretagna riconobbe alle navi da guerra spagnole il diritto di fermare le imbarcazioni britanniche allo scopo di verificare la regolarità del loro carico.

---

2   L'articolo 29 del trattato dell'Asiento stabiliva, infatti: "That the said Assientists are to give an account of their profits and gain at the end of the first five years of this Assiento, with accounts taken upon oath, and certified by legal instruments, of the charge of the purchase, subsistence, transportation, and sale of the negroes, and all other expences upon their account; and also certificates in due form, of the produce of their sale in all the ports and parts of America, belonging to his Catholic Majesty, whither they shall have been imported and sold; which accounts, as well of the charge as the produce, are first to be examined and settled, by her Brittanick Majesty's ministers employed in this service, in regard to the share she is to have in this Assiento, and then to be examined in like manner in this court; and his Catholic Majesty's share of the profits may be adjusted and recovered from the Assientists, who are obliged to pay
the same most regularly and punctually". (A Collection of all the Treaties, 1785). Per ulteriori informazioni consultare: Salvador Carmona, Rafael Donoso, Stephen P Walker, Op. Cit., pag.259.

Con l'andare del tempo, gli spagnoli iniziarono così ad abbordare con maggiore frequenza i mercantili britannici e a confiscarne i carichi illegali. Queste azioni, per quanto legittime in base al trattato di Siviglia, contribuirono però a far aumentare gli attriti tra le due potenze.

Ciò nonostante, tra il 1732 e il 1737, grazie ad una politica conciliante promossa dal primo ministro britannico liberale Robert Walpole, le relazioni anglo-spagnole conobbero un periodo di momentanea distensione. Tale politica rispondeva ai timori di una parte del governo britannico, contraria ad un nuovo conflitto con la Spagna, che avrebbe rischiato di trascinare in guerra anche la Francia, sempre pronta a sostenere gli interessi spagnoli per salvaguardare l'equilibrio tra le potenze europee.

A partire dal 1737, in Gran Bretagna, la crescente opposizione parlamentare dei conservatori, ma anche di alcuni liberali scontenti della politica di distensione del primo ministro, diede inizio ad una campagna in favore di una guerra contro la Spagna, sostenuta da forti interessi commerciali, che ebbe un ampio seguito interno.

Nel 1738, in un momento in cui il potere del parlamento e dell'opinione pubblica britannici erano in forte crescita, la testimonianza davanti alla Camera dei Comuni di Robert Jenkins, un contrabbandiere britannico, fermato qualche anno prima dalle autorità spagnole al largo della Florida, ebbe un effetto politico dirompente.

Jenkins raccontò di avere subito all'Avana nel 1731, dal guardacoste spagnolo "La Isabela", la confisca del carico della sua imbarcazione, nonché la mozzatura un orecchio. Durante l'audizione, Jenkins riferì, inoltre, che al momento del taglio dell'orecchio lo stesso capitano del guardacoste spagnolo gli aveva detto con tono di sfida: "Va e dì al tuo re che farò lo stesso con lui se oserà fare altrettanto." A prova di quanto avvenuto, il suo presunto orecchio mozzato venne macabramente mostrato alla platea, ancora conservato in un barattolo pieno di alcool.

Nonostante i fatti narrati si fossero verificati ben sette anni prima, l'episodio fu considerato un affronto all'onore nazionale, e infiammò l'opinione pubblica contro la Spagna.

In un tentativo di disinnescare le ostilità, con un'abile azione diplomatica, Walpole riuscì a fare accettare momentaneamente agli iberici la Convenzione di El Pardo, firmata dall'ambasciatore britannico Benjamin Keene[3] e dal ministro di stato spagnolo Sebastián de la Quadra, il 14 gennaio 1739.

Tale convenzione riconosceva il diritto spagnolo al controllo delle navi britanniche e, al contempo, impegnava la Spagna a risarcire alla Gran Bretagna 95.000 sterline per i carichi di merce confiscati in passato, da pagarsi entro quattro mesi dalla ratifica del trattato. Tuttavia, proprio la questione della ratifica rappresentava il punto più spinoso da superare.

A Londra, la convenzione incontrò una forte opposizione, specialmente tra coloro (azionisti e politici) che rappresentavano gli interessi della Compagnia dei Mari del Sud, preoccupati per il riconoscimento alla Spagna del diritto di controllare i carichi delle navi inglesi. Ciò nonostante, nel febbraio del 1739, la convenzione ottenne la ratifica di entrambe le camere del parlamento britannico.

Per la Spagna le cose andarono però diversamente. Al momento della firma dell'accordo, infatti, de la Quadra aveva fatto presente all'ambasciatore britannico che la Spagna non avrebbe ratificato l'accordo se la Compagnia dei Mari del Sud, non avesse a sua volta provveduto a saldare i suoi debiti con lacorona spagnola,[4] in 68.000 pesos,[5] circa un quarto dei profitti realizzati dall'impresa britannica.[6]

---

3   Sir Benjamin Keene aveva un doppio ruolo: di ambasciatore britannico e di rappresentante della Compagnia dei mari del Sud in Spagna.

4   George Lillie Craik, Charles MacFarlane, The pictorial history of England: being, a history of the people and history of the Kingdom, Volume 6, Charles Knight & Co., London, 1841, pag. 433.

5   Con un tasso di cambio fissato a 52 penny per peso. Per ulteriori informazioni vedere: Salvador Carmona, Rafael Donoso, Stephen P Walker, Op. Cit., pag. 268.

6   Ibid.

Questo aspetto si rivelò non di poco conto perché la compagnia si rifiutava di riconoscere tale debito, sostenendo di avere subito in passato, a causa delle autorità spagnole, perdite per almeno il triplo della somma richiesta, ma senza corroborare tali dichiarazioni con alcuna prova concreta. Non solo, la Compagnia dei Mari del Sud si rifiutava di cedere anche alla richiesta della corona spagnola di sottoporre i propri documenti contabili ad ispezione da parte di rappresentanti spagnoli, perché questo avrebbe significato l'emersione del commercio illegale praticato dalla compagnia.

In questa situazione di stallo, il 6 maggio 1739, la situazione fu esacerbata ulteriormente da una lettera di Filippo V, indirizzata alla Compagnia dei Mari del Sud che intimava l'immediato pagamento delle somme dovute, dietro la minaccia di sospendere il monopolio britannico sulla tratta degli schiavi.

Le relazioni tra i due paesi andarono così irrimediabilmente deteriorandosi. Il governo britannico, attraverso l'ambasciatore Keene, iniziò allora a fare pressione sulla Spagna perché abbandonasse il diritto ad ispezionare le imbarcazioni britanniche, ottenendo però il solo risultato di irritare ulteriormente gli spagnoli.

Inoltre, il 9 maggio 1739, il governo britannico decise di rafforzare la propria presenza militare nel Mediterraneo mediante l'invio di una potente flotta, consistente in nove vascelli e due fregate, al comando dell'ammiraglio Nicholas Haddock.

Nel mese di giugno del 1739, Haddock arrivò a Gibilterra, dove in base alle istruzioni ricevute, avrebbe lasciato cinque o sei unità della sua squadra, inviando il resto nell'isola di Minorca. Questo atto, da solo, avrebbe potuto essere considerato dalla Spagna un *casus belli*.

In un estremo tentativo di frenare la crisi, il 15 maggio la Gran Bretagna ricevette un'offerta di mediazione da parte del cardinale francese Fleury, in base alla quale la Francia avrebbe garantito il pagamento delle 95.000 sterline dovute dalla Spagna a patto che la Gran Bretagna avesse ritirato la squadra navale dell'ammiraglio Haddock dal Mediterraneo. Questa proposta venne però rifiutata dalla Gran Bretagna per il timore di lasciare sguarniti i possedimenti di Gibilterra e Minorca.[7]

Intanto, in Gran Bretagna i preparativi per la guerra procedevano ormai spediti. Nel mese di giugno 1739 l'ammiragliato britannico, per sopperire alla mancanza di uomini, emanò l'ordine di armare 30 navi e di reclutare coattivamente 18.000 nuovi marinai entro la fine dell'anno. A questi ordini, nel mese di luglio, seguì quello di requisizione delle navi mercantili nei porti di Gran Bretagna e Irlanda.

Lo sforzo bellico fu tale che, entro agosto, la Gran Bretagna poteva schierare 113 navi da guerra, già armate o in via di allestimento. Intanto, già il 10 luglio 1739, il re Giorgio II aveva dichiarato la legittimità delle rappresaglie britanniche, sia da parte della *Royal Navy*, sia da parte di imbarcazioni con patenti di corsa, contro le navi spagnole, a causa delle "molte ingiuste catture effettuate nelle Indie [.....] da parte delle guardacoste spagnole e il mancato pagamento delle compensazioni promesse". A questa dichiarazione, la Spagna rispose emanando misure analoghe.[8] Se queste ai tempi non erano ancora considerate una formale dichiarazione di guerra, aprivano ufficialmente, almeno sul mare, le ostilità tra i due paesi.[9] L'1 agosto, l'ammiraglio Chaloner Ogle venne fatto salpare con altre cinque navi per unirsi alla parte della squadra di Haddock presente a Gibilterra, con il compito di pattugliare il tratto di mare tra Gibilterra e le Azzorre, passaggio obbligato per le navi spagnole dirette nelle Americhe. Nel frattempo, il 14 agosto, nell'impossibilità di condurre ulteriori trattative, la Gran Bretagna richiamò in patria il proprio ambasciatore, interrompendo le comunicazioni con la Spagna

---

7   George Lillie Craik, Charles MacFarlane, The pictorial history of England: being, a history of the people and history of the Kingdom. Op. Cit., pag. 436.

8   Otero Lana, Enrique. La guerra de la Oreja de Jenkins y el corso español (1739-1748) Madrid, Cuadernos Monográficos del Instituto de Historia y Cultura Naval 2004. Pag. 29.

9   Questi fatti vanno ovviamente considerati alla luce di quello che era il diritto internazionale consuetudinario dell'epoca, secondo cui uno stato poteva dichiarare "rappresaglie" contro stati da cui questo supponeva avere ricevuto un torto, senza considerarsi in guerra con questi. A sua volta, lo stato che aveva ricevuto una "rappresaglia" poteva intraprendere azioni di "contro rappresaglia". Era, però, ovvio che tali azioni, alla lunga potevano sfociare in veri e propri conflitti generali tra stati.

e affidando all'ammiraglio Edward Vernon, un influente uomo politico, membro del parlamento e grande fautore della guerra contro il Regno di Spagna, l'incarico di condurre una prima squadra di sei navi nelle Indie Occidentali, con l'obiettivo di iniziare l'attacco ai possedimenti spagnoli nel Mar dei Caraibi e saggiarne le difese.

Ormai lo scoppio delle ostilità era considerato inevitabile da entrambe le parti, anche se la guerra vera e propria, che in futuro avrebbe preso il nome di "Guerra dell'orecchio di Jenkins", sarebbe stata dichiarata ufficialmente dal Parlamento Britannico solo il 19 ottobre 1739.[10]

Sin dall'inizio apparve chiaro che la posta in gioco del conflitto sarebbe stato il dominio del commercio con il nuovo mondo, attraverso il controllo dei Caraibi, che Londra ambiva a trasformare in una sorta di *mare nostrum* britannico. Ma questo obiettivo avrebbe potuto essere raggiunto solo attraverso la disarticolazione del sistema coloniale spagnolo.

Si trattava di una situazione di grave pericolo per la Spagna, la quale, da un punto di vista militare, almeno sul mare, risultava in netta inferiorità.[11]

Sulla carta, l'esito del conflitto, che si presumeva sarebbe stato deciso sul mare, sembrava quindi quasi scontato. Ci si aspettava che la Gran Bretagna, avendo il completo dominio dei mari, avrebbe tentato innanzitutto di annientare le piazzeforti spagnole affacciate sul Mar

▲ 9° reggimento di fanteria di marina britannici

dei Caraibi, senza le quali l'intero sistema coloniale spagnolo sarebbe collassato.

Consapevole di questo rischio, però, la Spagna rispose rafforzando le proprie difese oltremare, inviando subito navi e truppe nei Caraibi. Anche se la Spagna, rispetto ai secoli precedenti, appariva in declino come potenza mondiale, il suo esercito rappresentavano ancora un temibile avversario. Abbandonato l'ormai obsoleto sistema del *Tercio* in seguito a una radicale riforma incominciata agli inizi del '700, l'esercito borbonico spagnolo poteva essere considerato nel complesso una forza

10   I George Lillie Craik, Charles MacFarlane, Op. Cit., pag.439.
11   Santiago Gómez, "La Armada Real al comienzo de la Guerra de Asiento. 1739", http://www.todoababor.es/articulos/comi_gue_1739.htm

▲ Reggimenti di fanteria spagnola presenti a cartagena de Indias. Reggimento di Aragona.

moderna, ben addestrata e disciplinata. Questo aveva inoltre acquisito una notevole esperienza bellica, avendo partecipato ai principali conflitti europei di quel periodo, ottenendo anche diversi successi, come ad esempio: la rapida conquista della Sicilia e della Sardegna del 1717 e 1718, sebbene queste sarebbero state successivamente perdute; la difesa di Portobello del 1726-1727; e le vittorie di Bitonto (25 maggio 1734) e Gaeta (6 agosto 1734), che aveva messo ai piedi della monarchia spagnola tutta l'Italia meridionale, durante la guerra di successione polacca.

3.2 OPERAZIONI NAVALI PRECEDENTI LO SCOPPIO DELLA GUERRA

Già all'inizio del 1738 le burrascose relazioni tra Spagna e Gran Bretagna lasciavano presagire una prossima guerra tra i due paesi. A partire dal gennaio 1738, l'ammiragliato britannico decise di inviare in Giamaica una prima squadra al comando del commodoro Charles Brown, con il compito di agire a protezione del commercio britannico e di acquisire informazioni sui movimenti delle squadre navali o delle singole navi spagnole. Per la primavera del 1738, tra la Giamaica e le isole Winward, questa flotta poteva già contare su tre vascelli e cinque fregate.

Sempre all'inizo del 1938, la marina reale spagnola si trovava in gravi difficotà poiché poteva contare solo su pochi vascelli in grado di prendere il mare. A Veracruz era stazionata la flotta di Barlovento, al comando del comandante José Antonio de Herrera, composta da due vascelli e tre fregate.[12] All'avvicinarsi del rischio di guerra con la Gran Bretagna, i due vascelli vennero trasferiti all'Avana e le due fregate mandate ad unirsi alla forza di squadra di Cartagena de Indias.

In carica sin dal marzo del 1737, Il tenente generale della base navale e comandante della flotta spagnola di Cartagena de Indias, Blas de Lezo fino a quel momento aveva avuto in forza solo un vascello da 64 cannoni, il Conquistador, e un paio di balandre,[13] utili solo per la lotta alla pirateria e al contrabbando. Nel settembre 1738, alle forze navali presenti a Cartagena de Indias si sarebbe aggiunto anche il Dragón (64 cannoni), vascello comandato del capitano di fregata Francisco José de Ovando y Solís. Dopo l'arrivo a Veracruz della flotta delle Indie nel marzo 1739, sarebbe stato distaccato a Cartagena de Indias anche l'Africa (64 cannoni).

La piazzaforte dell'Avana, invece, oltre ai due vascelli giunti da Veracruz, disponeva di altri due vascelli e due fregate, una delle quali appena terminata dai cantieri della città.[14]

Più distante dal teatro delle operazioni, nel Río de la Plata, erano state fatte stazionare altre due fregate a due ponti.[15] Queste due unità sarebbero state fatte rientrare a Cadice a guerra in corso, cariche di merci di ogni tipo e tesori, nel dicembre 1739.

In considerazione dell'abitudine britannica di attaccare, catturare o distruggere qualsiasi nave, anche in assenza di stato di guerra; e considerando le turbinose relazioni tra Spagna e Gran Bretagna, il viaggio della flotta delle Indie (o Flota de Azogue), verso Veracruz, preparato sin dal 1737, venne protetto non solo da due vascelli (la Capitana e l'Almiranta), come avveniva tradizionalmente,[16] ma anche da una squadra di supporto di altri tre vascelli al comando del capitano José Alfonso Pizarro.[17] La squadra riuscì ad arrivare a Veracruz senza problemi nel marzo 1738. Tuttavia, l'atteggiamento aggressivo delle squadre britanniche e le condizioni metereologiche ne avrebbero, successivamente, complicato non poco il ritorno in patria.

---

12   I vascelli erano il San Juan Bautista (60 cannoni), e il Santa Catalina (50). Mentre le fregate erano il San Cayetano (24) e la Triunfo (30).
13   Queste erano la Santiago e la Santa Rosa. Più piccole delle fregate, le balandre erano imbarcazioni a vela monoalbero, simili agli sloop britannici, dotate di una vela aurica, una quadra (posizionata in testa d'albero, sopra la vela aurica), e di doppio o triplo fiocco.
14   I vascelli erano l'Europa (64 cannoni) e il Santiago (64). Mentre le fregate erano l'Astrea (30) e la Concepción (20)
15   Le unità erano la San Esteban Apedreado (50) e Hermiona (da 36 o 50 cannoni a seconda della fonte).
16   I due vascelli erano il León (60 cannoni) e il Nuestra Señora del Pilar (64).
17   I tre vascelli di supporto erano il Guipúzcoa (64 cannoni), il San Lorenzo (60) e l'África (64).

A partire dal giugno 1738, la Gran Bretagna aveva aumentato il proprio controllo nelle acque spagnole. Dall'inizio del marzo 1738 aveva fatto stazionare nel mediterraneo solo una piccola squadra al comando del capitano George Clinton, con base a Gibilterra e Mahón (a Minorca), composta da un vascello,[18] sei fregate e una goletta. Nel mese di giugno 1739, inviò a rinforzo il contrammiraglio Nicholas Haddock, con nove vascelli e due imbarcazioni minori, posizionati anch'essi tra Gibilterra e Mahón.[19]

Il primo di agosto 1739, la Gran Bretagna inviò altre cinque navi al comando di Sir Chaloner Ogle, con il compito di andare a rinforzare ulteriormente la presenza britannica nel Mediterraneo. Giunto a Gibiltterra, Ogle vi lasciò due delle sue navi e ripartì verso l'istmo del Capo di San Vincenzo. Giunto al Capo, iniziò a pattugliare il tratto di mare che si estendeva da lì fino all'isola di Madeira, nelle Azzorre, con l'obiettivo di intercettare le navi spagnole, in particolare la flotta di Pizarro, data di ritorno dalle Americhe.

Tuttavia, durante queste operazioni, le navi di Ogle subirono varie burrasche nelle acque di San Vincenzo, subendo la rottura delle alberature e altri danni, così che alla fine di agosto del 1739 dovettero rientrare a Gibilterra.

Dal mese di giugno 1739, erano giunte da Gibilterra notizie che informavano l'ammiragliato britannico su un prossimo arrivo a Cadice delle navi provenienti da Buenos Aires e da Veracruz. Si trattava delle fregate Hermiona e San Esteban, e delle navi della flotta delle Indie, cariche di tesori e mercanzie.

Il lord cancelliere Philip Hardwicke sospettava che le navi spagnole potessero non fare ritorno a Cadice, preferendo il porto de La Coruña, seguendo una rotta meno ovvia per giungere in Spagna.

Poiché i cinque vascelli della squadra del controammiraglio Vernon erano disponibili in attesa di recarsi ai Caraibi, ai primi di agosto 1739, furono inizialmente inviati verso capo Finisterre, con lo scopo di intercettare le navi spagnole, qualora queste vessero deciso di entrare nel porto di La Coruña, dopodiché avrebbe dovuto posizionarsi intorno alle Azzorre per intercettare eventuali altri convogli o navi dirette nelle Americhe o di ritorno da queste. A sostegno di questa azione, l'ammiragliato aggregò alla flotta di Vernon anche altri tre vascelli e la fregata Pearl, al comando del capitano Coville Mayne, fatti giungere davanti alla costa della Galizia già all'inizio di Agosto.[20] La fregata Pearl venne mandata a posizionarsi nelle acque tra Lisbona e Oporto.

Alla fine di agosto, non avendo rilevato alcun convoglio spagnolo, Vernon giunse nell'isola di Madeira, nelle Azzorre, dove però ricevette la notizia che la flotta di Pizarro era già giunta indenne a Santander e aveva scaricato il suo carico di oltre cinque milioni di pesos in oro, argento e merci varie.[21] Mayne dovette quindi fare ritorno in Inghilterra dove arrivò il 20 settembre 1739, per poi salpare di nuovo per tornare a pattugliare la costa Galiziana. La squadra di Vernon puntò, invece, verso i Caraibi.

Anche le due fregate del Río de la Plata, cariche di tesori e mercanzie, sarebbero giunte a Santander indenni, molti mesi dopo, il 15 aprile 1740, a guerra già iniziata, eludendo le squadre britanniche. Con loro portarono anche un brigantino, carico di vino e burro, catturato mentre si dirigeva dall'Inghilterra alla Carolina.

Gli sforzi britannici non furono però completamente vani, e il fallimento del blocco navale fu in parte compensato dalla cattura di due preziose imbarcazioni della Compañía Guipuzcoana de Caracas (il vascello San José e la fregata Santiago),[22] catturati rispettivamente il 23 settembre 1739 e il 3 ottobre 1739, nonché di altre piccole navi mercantili.

---

18   Il Gloucester (50 cannoni).
19   Le fonti indicano cinque o sei vascelli fatti stazionare a Gibilterra e il resto delle unità a Minorca.
20   Si trattava dei vascelli Lennox (70 cannoni), Elizabeth (70) e Kent (70), e della fregata Pearl (40).
21   La flotta di Pizarro, composta dai vascelli Guipúzcoa (60 cannoni), Castilla (60), León (60) e dalla fregata Esperanza (50). era arrivata a Santander sin dal 13 di agosto. Composta da sei unità, informata del pericolo da un avviso all'altezza delle isole Canarie, aveva seguito una rotta poco battuta, passando a sud dell'Irlanda. Tra le navi della flotta, mancava l' África, assegnato prima della partenza da Veracruz alla flotta di Cartagena de Idias.
22   La Real Compañía Guipuzcoana de Caracas era la società che deteneva il monopolio del commercio con la provincia del Venezuela.

Per quanto riguarda lo scacchiere caraibico, nell'agosto 1738, il 42° reggimento di fanteria britannico, al comando del generale James Oglethorpe, partito dall'Inghilterra, arrivò via mare in Georgia, con lo scopo – in caso di conflitto - di scongiurare un possibile colpo di mano spagnolo e, all'occorrenza, invadere la Florida.

Intanto, già dal 10 luglio 1739 Re Giorgio II aveva dichiarato la legittimità delle rappresaglie britanniche contro le navi spagnole, atto a cui la Spagna aveva replicato emanando misure analoghe.[23]

Nell'agosto 1739, la fregata Shoreham, al comando del capitano Edward Boscaven, si univa alla squadra di Brown, la quale, il 25 agosto salpava verso Cuba, con l'obiettivo di acquisire informazioni sulle difese spagnole. Prima di rientrare, vicino all'Avana, Boscaven attaccò e distrusse due balandre spagnole e ne catturò una terza[24], mentre il 26 settembre attaccò Puerto Maria, vicino all'Avana, distruggendo case e proprietà, nonostante l'opposizione di due brigantini e una piccola balandra spagnoli.[25]

Da questi movimenti si deduce già come nell'estate 1739, i britannici si sentissero ormai in guerra con la Spagna, pur senza averla ancora dichiarata.

Solo il 9 ottobre 1739, la squadra dell'Ammiraglio Vernon giunse nei Caraibi, facendo scalo ad Antigua con cinque vascelli, per arrivare a Port Royal, in Giamaica, il 23 dello stesso mese, giusto sei giorni prima della dichiarazione di guerra britannica alla Spagna.[26]

3.3 L'INIZIO DELLE OSTILITÀ: I PRIMI ATTACCHI BRITANNICI

Durante il 1739, prima dello scoppio della guerra, l'Ammiragliato britannico iniziò a discutere dei programmi da seguire per acquisire il controllo sul commercio con le Americhe. A questo scopo si individuarono due linee di attacco, una nei Caraibi, con la squadra di Vernon, e una nel Pacifico, dove si sarebbe inviata una squadra al comando del commodoro George Anson. L'obiettivo primario da colpire venne inizialmente individuato nell'Avana. Ma gli ammiragli John Norris e Charles Wager, dopo vari studi, giunsero alla conclusione che sarebbe stato impossibile attaccarla dal mare, poiché era molto ben presidiata.

Scartata l'Avana, Norris e Wager si orientarono quindi su Cartagena de Indias e Portobello, altri punti chiave del commercio spagnolo con le Americhe, che almeno sulla carta si presentavano come obiettivi più facilmente raggiungibili. Tuttavia, il Consiglio della marina non era d'accordo e passò tempo prima che si giungesse ad una decisione definitiva. Il 5 dicembre 1739, fu presa intanto la decisione di inviare una spedizione in Giamaica, dove un consiglio di ufficiali avrebbe preso la decisione più opportuna.

Mentre continuavano queste discussioni, le forze britanniche iniziarono ad effettuare le prime azioni. A seguito della dichiarazione del Re Giorgio II che lasciava mano libera alla Royal Navy per compiere rappresaglie contro gli spagnoli,nell'agosto 1739, il Commodoro Brown salpò verso Cuba, inviando anche due delle sue imbarcazioni verso le Bahamas e una goletta nelle acque a nord della Giamaica, per raccogliere informazioni sulle forze nemiche e i loro movimenti. Con il ritorno in patria della flotta di Pizarro, potè così verificare che le navi spagnole erano disperse tra Cartagena de Indias, Portobello e Santo Domingo.

Intanto, nello scacchiere atlantico, avendo mancato di catturare il grosso delle navi spagnole di ritorno dalle colonie, la squadra di Vernon venne fatta tornare sul suo programma iniziale e puntò verso i Caraibi, giungendo ai primi di ottobre del 1739 ad Antigua, dove si riunì con le fregate britanniche Anglesea e Lowestoft, e lo sloop Saltash. Dopo aver inviato la Anglesea a Port Royal, la flotta di Vernon si diresse verso Saint Kitts. Giunto in quest'isola, ordinò al capitano Thomas Waterhouse di attaccare

---

23   Otero Lana, Enrique. Op. Cit. Pag. 29-32

24   Piccole imbarcazioni monoalbero dotate di randa e fiocco a prua.

25   David Marley, Wars of the Americas: A Chronology of Armed Conflict in the Western Emisphere, Vol. 2, seconda edizione, ABC-CLIO, Santa Barbara, 2008, pag. 383.

26   I vascelli erano il Burford (70 cannoni), Princess Luisa (60), Strafford (50), Worchester (50) e Norwich (50).

▲ Mappa della zona coinvolta nelle campagne militari sul continente americano

qualsisiasi nave spagnola in transito tra La Guaira e Puerto Cabello, lungo le coste del Venezuela.

I porti di La Guaira e Puerto Cabello appartenevano alla Real Compañía Guipuzcoana de Caracas, ed erano ben presidiati. A La Guaira, Waterhouse notò all'interno della baia, presidiata da un forte, la presenza di diversi mercantili e piccole navi, per un totale di diciassette imbarcazioni. Si preparò quindi ad attaccare il porto e a distruggere le imbarcazioni.

Il 22 ottobre 1739, alzando bandiera spagnola per ingannare il nemico, i britannici iniziarono a penetrare nella baia. Ma non appena furono dentro la baia, vennero fatti oggetto del tiro dei cannoni spagnoli, e dopo tre ore di cannoneggiamenti, i britannici furono costretti a lasciare il campo con gravi danni, senza conseguire alcun risultato.

La risposta degli spagnoli, che reagirono con prontezza ed efficacia all'attacco nonostante la notizia dell'entrata in guerra della Spagna non fosse ancora arrivata, era stata possibile dal fatto che il forte era tenuto in buono stato di efficienza dal governatore della provincia, il brigadiere don Gabriel José de Zuloaga, cosa che non sempre sarebbe accaduto negli attacchi successivi.

Contemporaneamente all'attacco de La Guaira, il commodoro Brown saggiava le difese dell'Avana, catturando una fregata mercantile, alcune balandre e golette cariche di indaco e sale, e cannoneggiando la fortezza di Cojimar, oltre ad effettuare diversi sbarchi, che incontrono però la resistenza degli spagnoli. Comandati dal governatore Juan Francisco Güemes de Horcaditas, questi coprirono tutti i punti in cui si presumeva potessero avvenire sbarchi nemici, e riuscirono a catturare diversi soldati britannici, dai quali ottennero informazioni sul numero e la composizione delle forze avversarie. Allo stesso tempo, con queste operazioni, i britannici riuscirono ad acquisire informazioni sulla conformazione della costa e in particolare su ripari quali Barucano, Jaruco e Baia Honda, idonei per effettuare futuri sbarchi nell'isola.

Intanto, il 23 ottobre 1739, la squadra di Vernon giungeva a Port Royal. Venutolo a sapere, alla fine di ottobre, Brown ripartì con la sua squadra per Port Royal per unirsi ad essa, lasciando nelle acque dell'Avana solo i vascelli Windsor e Falmouth.

Approfittando dello stato di pace, sin dai mesi precedenti lo scoppio delle ostilità, i britannici avevano effettuato pattugliamenti e visite esplorative ai porti spagnoli. Anche gli spagnoli fecero lo stesso, cercando di introdurre spie nei porti "nemici". Da parte spagnola, il caso più conosciuto è quello di Miguel Moncada Sandoval, che con diverse scuse riuscì con una balandra carica di zucchero ad entrare ed uscire per due volte da Port Royal, nell'agosto e nel dicembre 1738. Al suo terzo ingresso, nell'agosto 1739, venne arrestato, detenuto per più di quattro mesi e successivamente rilasciato insieme ad altri trenta connazionali.

Sin da prima del ritorno di Brown in Giamica, a Port Royal iniziarono le riunioni per determinare l'obiettivo principale dell'attacco britannico. L'opinione di attaccare Cartagena de Indias, sostenuta dal governatore della Giamaica, Edward Trelawny, inizialmente non trovò il favore di Vernon, poiché non poteva contare su truppe sufficienti. Vernon optò quindi per preparare una spedizione contro Portobello. Imbarcato un contingente di 240 soldati, salpò il 15 novembre 1739, con una squadra composta da sei vascelli e 2.735 uomini.[27] Contemporaneamente, inviò una fregata[28] nelle acque antistanti Cartagena de Indias, allo scopo di controllare l'eventuale invio di rinforzi da parte degli spagnoli. Vernon ordinò anche ai vascelli Windson e Diamond e alla fregata Anglesea di seguirlo non appena ne fossero stati in grado. Tuttavia, queste unità non sarebebro arrivate in tempo per partecipare alle operazioni.[29]

La squadra di Vernon giunse nelle acque antistanti Portobello nel primissimo pomeriggio del 20 novembre e, alle 13.00, iniziò ad avanzare in linea di fila penetrando all'interno della baia, concentrando l'attacco contro il forte di "Todoferro", posto all'ingresso del porto, che venne bombardato da breve distanza. Gli spagnoli del forte, colti impreparati, tentarono inizialmente di replicare con i loro cannoni,[30] per poi cedere di fronte al fuoco inglese che proveniva anche dalle piattaforme degli alberi delle navi e fuggire. Nel frattempo, un contingente britannico al comando del tenente Broderick sbarcava a terra e, scalando le mura del forte, lo occupava. Dei 300 soldati spagnoli della guarnigione, i britannici ne trovarono all'interno solo una quarantina: erano i fanti di marina comandati dal tenente Juan Francisco Garganta, comandante dei guardacoste, che erano entrati nel forte appena iniziato l'attacco. I venti contrari impedirono a Vernon di addentrarsi all'interno della baia, dove si trovavano altri due forti, Gloria e San Gerónimo, dai quali gli spagnoli avrebbero potuto ancora continuare la resistenza. Tuttavia, Il giorno dopo, mentre Vernon si preparava ad attaccarli, pervenne inspiegabilmente la richiesta di resa del governatore spagnolo,[31] che venne subito accettata dai britannici. La presa di Portobello era costata ai britannici solo tre morti e sei feriti. La città venne così occupata, con un bottino di 10.000 pesos, 40 cannoni di bronzo, due da campagna, oltre a quattro mortai e 18 archibusoni. Gli spagnoli a Portobello non avevano certo dato una grande prova bellica, permettendo ai britannici di prevalere con facilità. I britannici da parte loro interpretarono la vittoria di Portobello come la prova del coraggio della loro marina e della codardia degli spagnoli. In realtà, la sconfitta spagnola era stata dovuta più alla disastrosa gestione delle difese fisse della cittadina che ad una mancanza di spirito combattivo dei difensori.

Appena iniziate le ostilità, gli equipaggi dei due guardacoste presenti a Portobello smontarono la

---

27   I vascelli erano l'Hampton Court (70 cannoni), il Burford (70), il Worcester (60), il Princess Louisa (60), lo Strafford (50) e il Norwich (50).

28   La fregata Sheerness (32).

29   Santiago Gómez, La Guerra de la Oreja de Jenkins. Combates en el Caribe. Antecedentes y primeros enfrentamientos, https://www.todoababor.es/articulos/guerra-oreja-jenkins.htm

30   Al momento dell'attacco, il forte di Todoferro disponeva solo di nove cannoni funzionanti su 32. Tuttavia, due di questi andarono fuori uso alla prima salva spagnola, mentre altri tre cannoni furono resi inutilizzabili dalla prima salva dei britannici.

31   Il governatore della piazza era Francisco Javier Martínez de la Vega Retez, governatore ad interim di Portobello, in sostituzione del precedente governatore Bernardo Gutiérrez Bocanegra, il quale si trovava a giudizio a Panama per rispondere di alcuni reati. De la Vega verrà considerato il principale responsabile per l'inadeguata difesa della piazza.

▲ Artiglieria spagnola , meta del XVIII secolo.

loro artiglieria e la trasferirono all'interno dei forti. Il tenente di marina Juan Francisco Garganta fu il primo ad entrate nel forte di Todoferro con 90 marinai e 54 soldati di fanteria di marina per getire i pochi cannoni funzionanti del forte. Se è vero che di fronte all'attacco britannico la stragrande maggioranza dei 300 difensori spagnoli del forte fuggì, la loro presenza lì sarebbe stata comunque inutile, visto che nel forte, dopo le prime salve, erano rimasti solo quattro pezzi di artiglieria in grado di funzionare. Rimanendo gli spagnoli avrebbero quindi rischiato solo di farsi massacrare inutilmente. Con i pochi mezzi che avevano, gli spagnoli rimasti nel forte tennero la piazza fino alle quattro e mezza del pomeriggio. Il forte era qusi raso al suolo e rimanevano all'interno solo 11 uomini dei guardacoste, poiché molti erano caduti e altri erano fuggiti.

Dopo lo sbarco britannico, gli 11 uomini del forte riuscirono ad uccidere quattro attaccanti e a ferirne altri. Di più sarebbe stato impossibile fare, poiché mancavano polvere e fucili.

Dal forte di Gloria si cercò di sparare contro i britannici, sprecando però solo polvere da sparo, poiché questi erano fuori dalla portata dei suoi cannoni. Il forte di San Jeronimo, invece, non sparò un solo colpo perché privo di cannoni.

La stessa notte, la maggioranza degli abitanti aveva scelto di continuare a combattere fino alla fine. Ma il codardo governatore della piazza, di sua iniziativa, alzò bandiera bianca e, dopo la resa, si diede alla macchia, abbandonando la città al suo destino. Altri seguirono il suo esempio, come il capitano Sebastián Vázquez Meléndez, che fuggì con i suoi uomini. E' ragionevole pensare che, se il governatore avesse deciso per una difesa ad oltranza, i difensori del forte di Gloria avrebbero fatto il loro dovere e per i britannici forse le cose non sarebbero state così facili.

Gli uomini di Vernon demolirono i forti e saccheggiarono la città per settimane in cerca di bottini, che però non trovarono, gettando a mare i cannoni e distruggendo tutto quello che non era di valore per loro. A Portobello, del resto, non c'era nulla, anche perché la Spagna, compresa la situazione di rischio, aveva sospeso l'invio dei tesori del Perù, il cui valore raggiungeva la strabiliante somma di 12 milioni di pesos, che giungevano ogni anno via Panama.

Durante il saccheggio di Portobello, Vernon fece comunque molta attenzione a non infierire sulla popolazione civile e ordinò che le loro attività fossero rispettate, probabilmente perché pensava che alla fine della guerra i britannici sarebbero subentrati agli spagnoli nel possesso di questi territori. I 10.000 pesos che i britannici riuscirono a portare via erano quelli delle paghe della guarnigione. Oltre a queste, catturarono pezzi di artiglieria, due guardacosta, una balandra. Era un bottino rilevante, ma che non ripagava certo lo sforzo fatto.

Ancora peggio, questa facile vittoria ebbe per i britannici un effetto galvanizzante, che trasmise loro anche una falsa sensazione di potenza. Vernon e gli altri ufficiali si fecero una convinzione estremamente negativa sulle difese, le capacità e il valore degli spagnoli, diffondendo pregiudizi che offuscarono la razionalità delle scelte.

Ad esempio, dopo Portobello, il generale Oglethorpe, il governatore-fondatore della Georgia, comandante del 42° reggimento britannico di stanza in questo stato, arrivò a proporre addirittura di conquistare l'Avana con soli due battaglioni. Da li a pochi mesi si sarebbe impantanato in una guerra di logoramento con i piccoli avamposti spagnoli della Florida settentrionale.

Colpita Portobello, il prossimo obiettivo di Vernon era Cartagena de Indias. Giunto in Giamaica, Vernon aveva adesso ricevuto rinforzi, consistenti in alcune imbarcazioni da guerra, tra cui due brulotti e due bombarde, adatte per operazioni di attacco di porti e installazioni costiere. Tuttavia, prima di attaccare Cartagena de Indias, Vernon doveva innanzitutto conoscerne le difese.

Alla fine dell'ottobre del 1739, inviò l'imbarcazione Fraternity con il suo primo tenente Percival con due spagnoli a bordo, impiegati della Compagnia dei mari del sud, con l'incarico di consegnare due documenti, uno al governatore della piazza, Pedro Hidalgo, e l'altro a Blas de Lezo. Questo era in realtà un pretesto che sarebbe servito per introdurre il tenente britannico nella Città, per spiarne le difese. Tuttavia, una volta giunta a Cartagena de Indias, il governatore impedì all'imbarcazione l'ingresso nel porto e l'operazione fallì.

Messo da parte lo spionaggio, Vernon decise allora di recarsi a Cartagena de Indias personalmente. Per la sicurezza del commercio con la Gran Bretagana, lasciò in Giamaica quattro navi al comando del commodoro Brown.[32]

Per una quinta unità, il Burford, che si trovava danneggiata a causa di una burrasca, venne disposto che si procedesse alle riparazioni necessarie e che, una volta ultimate, anche questa si unisse alla squadra di Cartagena de Indias.

Il 13 marzo 1740, dopo sei giorni di navigazione, la flotta di Vernon si presentò nelle acque antistanti Cartagena de Indias, posizionandosi di fronte alla Spiaggia Grande, a nord est dell'abitato. L'ammiraglio britannico disponeva di sei vascelli, due brulotti, tre bombarde e un packet-boat.[33] Per sondare il terreno, mandò subito in avanscoperta lungo la costa varie imbarcazioni con diversi uomini del Greenwich, per osservare le difese della città.

Il 18 marzo, con lo scopo di spingere Blas de Lezo ad uscire dal porto con i suoi cinque vascelli, Vernon fece iniziare il cannoneggiamento della città, utilizzando due bombarde. Ma Blas de Lezo preferì non muoversi. Anzi, constata la difficoltà con cui le artiglierie della fortezza rispondevano alle navi britanniche, a causa della loro minore gittata, fece trasferire sulle mura alcuni cannoni imbarcati sulle sue navi, così da formare batterie in grado di raggiungere le imbarcazioni nemiche. I britannici continuarono a colpire la città per tre giorni, lanciandole contro 350 proiettili e procurandole danni considerevoli, tra i quali la distruzione di parte del collegio dei gesuiti, della cattedrale e di altri

---

32   Queste erano l'Hampton Court (70 cannoni), il Worcester (60), il Diamond (48) e il Torrington (40).

33   Imbarcazione simile al brigantino, ma con velatura e larghezza scafo maggiori. Era utilizzato come nave da carico.

edifici, senza tuttavia raggiungere alcun risultato concreto. Inoltre, come a Portobello, durante i cannoneggiamenti, quattrocento soldati britannici vennero fatti sbarcare per attaccare il forte di Santa Cruz, posto all'imboccatura della baia interna di Cartagena de Indias, ma gli spagnoli li respinsero catturantone la maggior parte.   Vernon comprese allora che se voleva conquistare la città di Cartagena de Indias avrebbe dovuto utilizzare forze molto maggiori di quelle a sua disposizione. Il 21 marzo decise allora di ripiegare verso l'istmo di Panama, con la maggior parte delle sue unità, lasciando solo due vascelli a pattugliare le acque antistanti Cartagena de Indias, allo scopo di intercettare eventuali navi spagnole in entrata nel porto.[34]

Intanto, l'ammiraglio britannico scriveva a Wager, informandolo sui fatti di Cartagena de Indias e esprimendo l'opinione che sarebbe stato in grado di conquistare la città se solo avesse potuto contare su più navi da guerra e 3.000 soldati sul terreno.

Il 22 marzo Vernon giunse davanti al forte di San Lorenzo, che si trovava alla foce del fiume Chagres, a breve distanza da Portobello. San Lorenzo era un terminale di imbarco dei tesori che giungevano da Panama e base di alcuni guardacoste. Il forte era dotato solo di quattro cannoni e una trentina di soldati, al comando del capitano di fanteria Juan Carlos Gutiérrez Cevallos. La flotta britannica era composta da quattro vascelli, tre bombarde, due brulotti e due navi da trasporto.[35]

La sproporzione di forze per un obiettivo tutto sommato così modesto non poteva essere più grande. Il bombardamento britannico iniziò alle 15.00, quando il vascello Norwich, comandato dal capitano Richard Herbert, aprì il fuoco per primo, insieme alle tre bombarde. A sostegno dell'azione, giunse inoltre la fregata Diamond, comandata dal capitano Charles Knowles, il quale con l'ausilio di alcune scialuppe scese a terra con un contingente armato per impadronirsi delle balandre, con i loro equipaggi, che erano alla fonda, al riparo vicino alle batterie del forte. Alla sera si unì al bombardamento anche il resto della squadra. Il 24 marzo, dopo due giorni di intensi bombardamenti, il forte di San Lorenzo venne costretto alla resa. Sei giorni dopo, la squadra fece ritorno a Portobello, dove il primo di aprile venne raggiunta dal Burford, che aveva terminato le riparazioni in Giamaica.

Quattro giorni dopo, da Portobello Vernon ordinò al tenente Henry Barnsley di raggiungere l'Inghilterra con una delle balandre catturate agli spagnoli, per trasportare Joshua Thomas, nostromo dello Strafford, incaricato di consegnare alla corte la relazione della cattura del forte di San Lorenzo. In questo modo, Vernon continuava la sua politica di promozione personale, anche se, questa volta, i politici a lui più contrari, tra cui il duca di Newcastle, William Pulteney, iniziarono a dubitare delle sue strategie. Lo stesso duca di Newcastle glielo comunicò con un documento in cui manifestava l'opinione del Re Giorgio, secondo cui si stavano sprecando materiali e uomini per conquistare obiettivi poco importanti.

Intanto, il 21 aprile 1740 arrivarono a Cartagena de indias due vascelli spagnoli, il Galicia (70 cannoni) e il San Carlos (66), con 600 soldati di rinforzo e il nuovo viceré della Nuova Granada, Sebastián de Eslava,[36] che insieme a Blas de Lezo sarebbe divenuto uno dei personaggi chiave della difesa della piazza.

Dopo oltre un mese e mezzo dal primo attacco, Vernon tentò un secondo colpo di mano su Cartagena de Indias, questa volta portando con se una squadra più cospicua, consistente in tredici vascelli e una bombarda. Questa volta, però, si concentrò su Bocachica, l'unico canale navigabile di accesso alla Baia di Cartagena de Indias.

---

34   I vascelli erano il Windsor Castle (60 cannoni) e il Greenwich (50), entrambi al comando del capitán Charles Widham.

35   I vascelli erano: Strafford (50 cannoni), Norwich (50), Falmouth (50) e Princess Louisa (60). Le bombarde erano: Alderney (8), Terrible (8) e Cumberland (8), comandate dagli ufficiali Scout, Allen e Thomas Broderick. I brulotti erano: Success e Eleanor, comandati da Daniel Hore e Robert Henley, e le navi transporto Goodly e Pompey.

36   Formalmente, Eslava aveva ricevuto l'incarico di Viceré della Nuova Granada sin dal 2 settembre 1739. Ma, de facto, non aveva ancora potuto fisicamente occupare tale l'incarico, per l'impossibilità di giugere a Caragena de Indias.

Appena avvistata la flotta britannica, Blas de Lezo fece posizionare due dei suoi vascelli all'imboccatura della baia, formando una linea difensiva che risultasse ben visibile al nemico, e attendendone l'arrivo con le fiancate rivolte verso di lui.

Secondo la tattica dell'epoca, per vincere gli scontri navali dell'epoca era necessario formare la linea di fila, con la quale tagliare le linee avversarie.

Vedendo questo schieramento, Vernon probabilmente pensò che il canale avrebbe potuto essere forzato e sarebbe finita come a Portobello o al Río Chagres. L'ammiraglio britannico lanciò così all'attacco le sue navi alla massima velocità possibile, con in testa i vascelli più potenti, con lo scopo di rompere la difesa spagnola mediante speronamento. Un'azione molto coraggiosa, che però si rivelò avventata, anche perché, una volta a ridosso dell'imboccatura del canale, le navi britanniche iniziarono ad essere prese di mira dai cannoni spagnoli posizionati sulle mura dei forti e sulle batterie costiere, nonché sulle navi spagnole posizionate dietro la catena che chiudeva il canale.

Ben presto, la nave alla testa della formazione britannica sbatté contro la catena e i marinai britannici cercarono di abbordarla per romperla. Questa si rivelò però un'impresa impossibile, in quanto la catena era troppo robusta e ben ancorata per poter essere forzata. Sotto il tiro dell'artiglieria proveniente da terra e dai vascelli spagnoli, la nave inglese non poteva replicare. Cercò di liberarsi e per farlo dovette utilizzare le proprie lance e quelle del vascello che le stava dietro, per essere rimorchiato fuori dalla zona di pericolo. Nel frattempo, il resto della colonna inglese, che era rimasta più arretrata, veniva trattenuta dalle bordate dei cannoni spagnoli, subendo diversi danni. Alla fine, ai britannici non rimase altro che lasciare il campo e ritirarsi come meglio poterono.

A Bocachica, Blas de Lezo aveva compiuto un capolavoro tattico: aveva provocato i britannici, disponendo due vascelli in linea all'ingresso della Baia, dopo essersi premunito di serrare l'ingresso del canale con una catena, tesa con la giusta pressione per resistere all'urto dei vascelli nemici. Su quella catena si era infranto l'attacco britannico; il resto lo avevano fatto i cannoni dei vascelli spagnoli, dei forti e delle batterie costiere.

Sorpreso per la seconda volta dalla resistenza spagnola, a Vernon non poté fare altro che ritornare di nuovo in Giamaica. Nella seconda bataglia di Catagena de Indias, la Spagna aveva dimostrato di essere ancora vigile e in grado di opporsi. Se con il primo attacco Vernon aveva capito che per conquistare Cartagena de Indias avrebbe dovuto passare per Bocachica, con il secondo apprese che non avrebbe potuto forzare la catena che chiudeva Bocachica, senza prima eliminare il pericolo costituito dai forti e dalle batterie costiere poste a sua difesa. Ma questo avrebbe richiesto molte più forze del previsto. Vernon, inoltre, sapeva che sarebbero potute arrivare la squadra di Rodrigo de Torres da El ferrol o forze francesi, alleate degli spagnoli. Prudentemente, pensò quindi di attendere in Giamaica l'arrivo di rinforzi dalla Gran Bretagna.

Anche Blas de Lezo, che aveva le sue spie a Port Royal, sapeva che quello di maggio non era stato il grande attacco che temeva: il peggio doveva arrivare. Aveva ricevuto informazioni su un massiccio reclutamento di coloni del Nordamerica e sull'atteso arrivo in Giamaica di una grande quantità di uomini e navi dall'Europa. Blas de Lezo si aspettava quindi un attacco su grande scala contro la città. Sapeva che la calma seguita al secondo attacco era ingannevole e che, la prossima volta, lo scontro sarebbe stato molto più serio. Rimaneva sempre la possibilità che, al posto di Cartagena de Indias, i britannici scegliessero altri obiettivi come Veracruz o L'Avana, ma non era probabile. La presa di Veracruz, infatti, non avrebbe cambiato il corso della guerra, e i britannici erano stanchi di raggiungere obiettivi inconclusivi. L'Avana, invece, era troppo importante per gli spagnoli e troppo ben munita per giocarsi il tutto per tutto sotto le sue mura. Non a caso, alla fine del 1740, la squadra di Torres giunta a Cartagena de Indias, l'avrebbe abbandonata per rinforzare l'Avana, dopo avere lasciato come rinforzo alla squadra di Blas de Lezo solo il vascello San Felipe.

▲ Filippo V° Re di Spagna, (Versailles, 19 dicembre 1683 – Madrid, 9 luglio 1746) è stato il primo re di Spagna della dinastia dei Borbone. Era infatti nipote del re Luigi XIV di Francia e salì al trono di Spagna perché sua nonna, la regina Maria Teresa moglie del Re Sole, era figlia di primo letto di Filippo IV di Spagna e sorellastra dell'ultimo re spagnolo della dinastia degli Asburgo, Carlo II di Spagna.

4. L'assedio di Cartagena de Indias

4.1 IL TEATRO DELLA BATTAGLIA

Oltre ad essere capitale del Vicereame della Nuova Granada, con i suoi più di 10.000 abitanti Cartagena de Indias poteva essere considerata all'epoca la città di maggior importanza dei Caraibi, dopo L'Avana.

Per le sue particolari caratteristiche geografiche e le notevoli opere difensive, la città era anche considerata una formidabile piazzaforte. Sin dalle sue origini, per la sua importanza era stata sempre l'obiettivo militare dei paesi con cui la Spagna era entrata in conflitto, quali ad esempio la Francia e l'Inghilterra. Il processo di fortificazione di tutta la città e del suo territorio aveva avuto inizio già nel XVI secolo, ad opera dell'architetto militare italiano Battista Antonelli, ed era continuato per tutta la prima metà del XVIII secolo.

La baia al cui interno sorgeva la città si sviluppava lungo un asse nord-sud per un'ampiezza di circa nove miglia nautiche ed era considerata l'approdo più sicuro di tutta la costa del Vicereame di Nuova Granada. Il suo fronte nautico era infatti protetto da due isole principali: Tierra Bomba, a nord, e Baru, a sud.

Nonostante la baia presentasse tre ingressi naturali, solo uno stretto passaggio nel canale di Bocachica, tra l'isola di Tierra Bomba e quella di Baru, aveva una profondità tale da permettere l'accesso di navi all'interno della baia.

Inoltre, la presenza all'interno del canale di Bocachica di due isolotti minori (Draga e Abanico), circondati da scogliere coralline, riduceva la largezza della parte navigabile del canale a soli 190 metri.

Al suo interno, la baia era poi divisa in due parti, la baia "Exterior" (a sud) e la baia "Interior" (a nord). Essendo la città ubicata nella parte più a nord della baia "Interior", qualunque nave volesse raggiungerla doveva quindi passare attraverso il canale di bocachica, risalire la baia "Exterior" e, attraverso un passaggio chiamato Canale di porto, penetrare nella baia "Interior".

Sebbene la città si trovasse sul mare, alla punta estrema della parte settentrionale della baia, non era raggiungibile direttamente dal mare aperto, a causa della presenza di scogli lungo il litorale esterno.

Anche dalla parte di terra la città si presentava difficilmente attaccabile, poiché si presentava circondata da zone paludose di acqua salmastra, fitti grovigli di mangrovie e isole disabitate, coperte da rigogliose foreste tropicali.

La zona portuale sorgeva all'interno della baia interior e aveva una profondità ridottissima, condizione che obbligava le navi da trasporto ad effettuare le operazioni di carico e scarico delle merci alla fonda fuori dal porto, mediante imbarcazioni più piccole.

Questo, che da un punto di vista commerciale costituiva un sostanziale problema, rappresentava però un vantaggio nel caso di un attacco militare dal mare, perché obbligava le navi nemiche, anche se penetrate all'interno della baia, a tenersi ben lontane dalla zona abitata, riducendo così notevolmente l'efficacia delle artiglierie.

Un'altra importante difesa naturale della città consisteva nel suo clima tropicale caldo-umido, caratterizzato da abbondanti piogge, che iniziavano nel mese di aprile e andavano intensificandosi a partire dal mese di maggio fino a novembre, e che creavano le condizioni ideali per il diffondersi di febbri malariche, febbre gialla e altri virus tropicali.

▲ Dettaglio della pianta di Cartagena de Indias, firmata da Battista Antonelli a Portobello il 18 aprile 1594

Qualsiasi esercito che all'epoca avesse provato ad attaccare la città in quel periodo dell'anno sarebbe stato quindi esposto ad un clima estremamente malsano, tale da decimarne rapidamente i ranghi.

Oltre alle sue difese naturali, Cartagena de Indias disponeva inoltre di notevoli opere difensive che ne facevano la città più fortificata di tutto il continente americano. Da quando Battista Antonelli aveva iniziato la costruzione della prima cinta muraria, nel 1586, queste erano state nel tempo migliorate, soprattutto a seguito di diversi attacchi subiti da corsari e pirati. Cartagena, infatti, era stata attaccata e saccheggiata in più occasioni, l'ultima delle quali ebbe come protagonista il già citato barone di Pointis, che, giunto nel 1697 con una grande flotta, dopo avere bombardato la città, l'aveva conquistata e saccheggiata.

Nella prima metà del settecento l'abitato della città era costruito su due isolotti completamente circondati da mura, Cartagena e Getsemani, contornati da scogliere di corallo e separati da uno stretto canale naturale. Le rocce su cui poggiavano le mura e la presenza di canali rendevano impossibile agli assalitori scavare gallerie da mina o fossati di avvicinamento. Le due isole erano unite tra di loro solo da un ponte levatoio in legno. Questo avrebbe permesso alla città di continuare a resistere anche nel caso in cui una delle due parti fosse caduta in mano al nemico.

L'unico accesso dalla terra ferma era un ponte posto sull'isola di Getsemani, a guardia del quale era stato costruito il forte di San Felipe de Barajas, un'imponente struttura difensiva adagiata sulla collina di San Lázaro, che dominava l'intera città.

Questo forte aveva anche la funzione di evitare che i nemici potessero attestarsi sulle pendici del colle de La Popa, che con i suoi 150 metri di televazione costituisce il prmontorio più alto della zona, da dove avrebbero potuto colpire l'abitato.

Le strutture difensive fuori dalla città a protezione della baia, al momento dello scoppio della guerra dell'orecchio di Jenkins, consistevano innanzitutto nel forte di San Luís (dotato di 83 pezzi di artiglieria), situato all'ingresso di Bocachica, nella parte meridionale dell'isola di Tierra Bomba e nelle batterie costiere di San Felipe (dotata di 7 cannoni), Santiago (15) e Chamba (4), ubicate lungo la costa esterna della stessa isola. Di fronte al forte di San Luís, dalla parte meridionale del canale di Bocachica, su un isolotto chiamato Draga, vicino all'isola di Baru, era stato inoltre costruito il forte di San José, dotato di 21 cannoni e supportato dalle batterie di Punta Abanicos e Varadero, sull'isolotto di Abanico, dotate di altri 14 cannoni.

All'interno della baia, sempre a sud, il sistema difensivo era poi completato da altre due batterie posizionate a Pasacaballos, dotate complessivamente di 12 cannoni. Più a nord, all'ingresso della Baia Interior, sul lato destro, vi era invece il forte di Santa Cruz, anche chiamato Castillo Grande, dotato di 60 cannoni. Di fronte a questo, sull'altro lato dell'imboccatura vi era il più piccolo forte di Manzanillo, con 12 cannoni. Questo sistema di fortificazioni era supportato anche dal forte di Pastelillo, ubicato all'interno della stessa baia.

In passato, la scarsità di sorgenti d'acqua si era rivelata un tallone d'achille per la città. Per supplire a questa carenza, erano state installate ampie cisterne, che il clima tropicale contribuiva a mantenere sempre piene.

Storicamente, uno dei punti deboli della difesa di Cartagena de Indias era consistito anche nell'affidamento della sua difesa a una piccola milizia locale, normalmente con una forza oscillante tra i 150 e i 400 uomini, spesso male armata e addestrata in modo approssimativo.

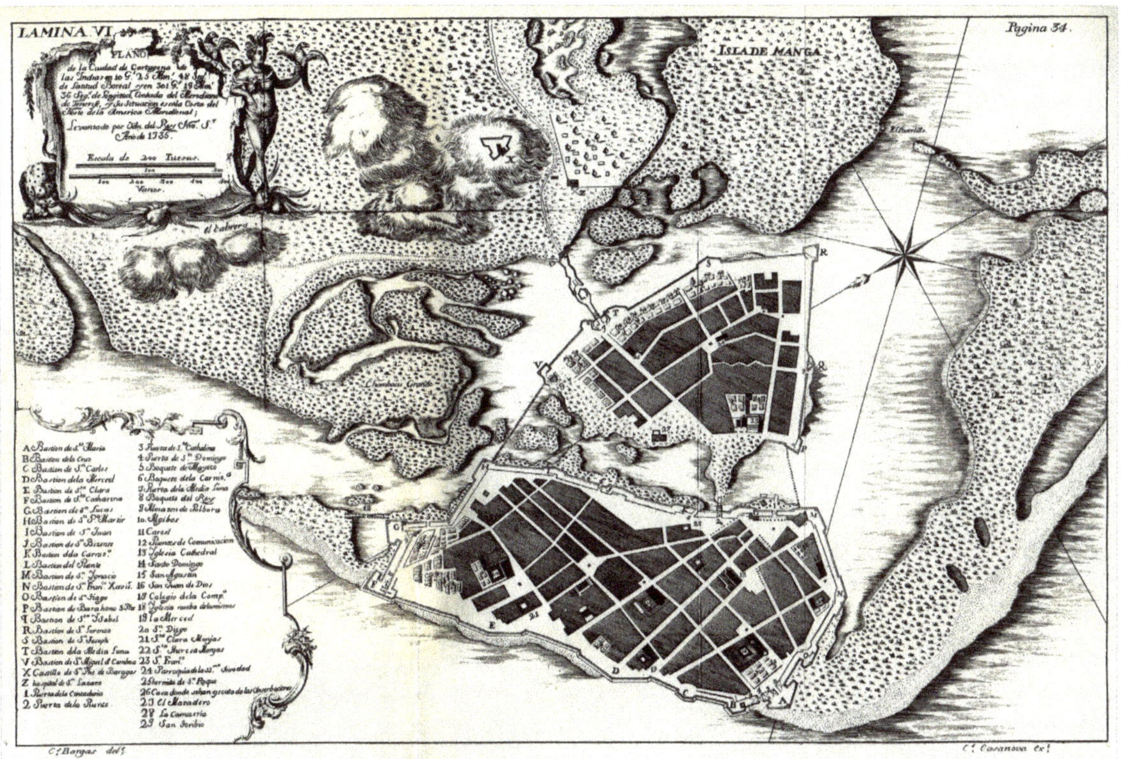

▲ Pianta della città di Cartagena de Indias, realizzata nel 1735, pubblicata nella Obra Relación Histórica del Viaje a la América Meridional, de Jorge Juan y Antonio de Ulloa.

4.2. LE FORZE IN CAMPO

Pur mantenendo il grosso delle proprie forze in difesa dell'Avana, in preparazione della guerra contro la Gran Bretagna, gli spagnoli erano riusciti, burlando la vigilanza britannica, a far giungere a Cartagena, insieme al nuovo Viceré della Nueva Granada, Sebastiàn de Eslava y Lazaga, due vascelli da guerra, il Galicia e il San Carlos, con preziosi rinforzi.

I due vascelli, al comando dei capitani Juan Jordán e Félix Celdrá, erano salpati da El Ferrol la mattina del 18 ottobre 1739. Dopo un viaggio che era stato funestato da varie calamità, tra cui una epidemia di scorbuto che aveva causato la morte di 154 persone, il 16 dicembre dello stesso anno avevano fatto scalo a San Juan di Porto Rico, sbarcando parte dei 700 fanti che trasportavano, ed erano arrivati a Cartagena de Indias il 21 aprile 1740.[1] Il contingente sbarcato era costituito da 600 uomini, appartenenti a distaccamenti dei reggimenti di fanteria regolare Toledo, Lisboa e Navarra, tutti veterani ben addestrati, che si andarono ad unire ai circa 500 soldati dei reggimenti Aragòn e

---

[1]	Santiago Gómez, "La Guerra de la Oreja de Jenkins. Combates en el Caribe. Antecedentes y primeros enfrentamientos", http://www.todoababor.es/articulos/guerra-oreja-jenkins.htm

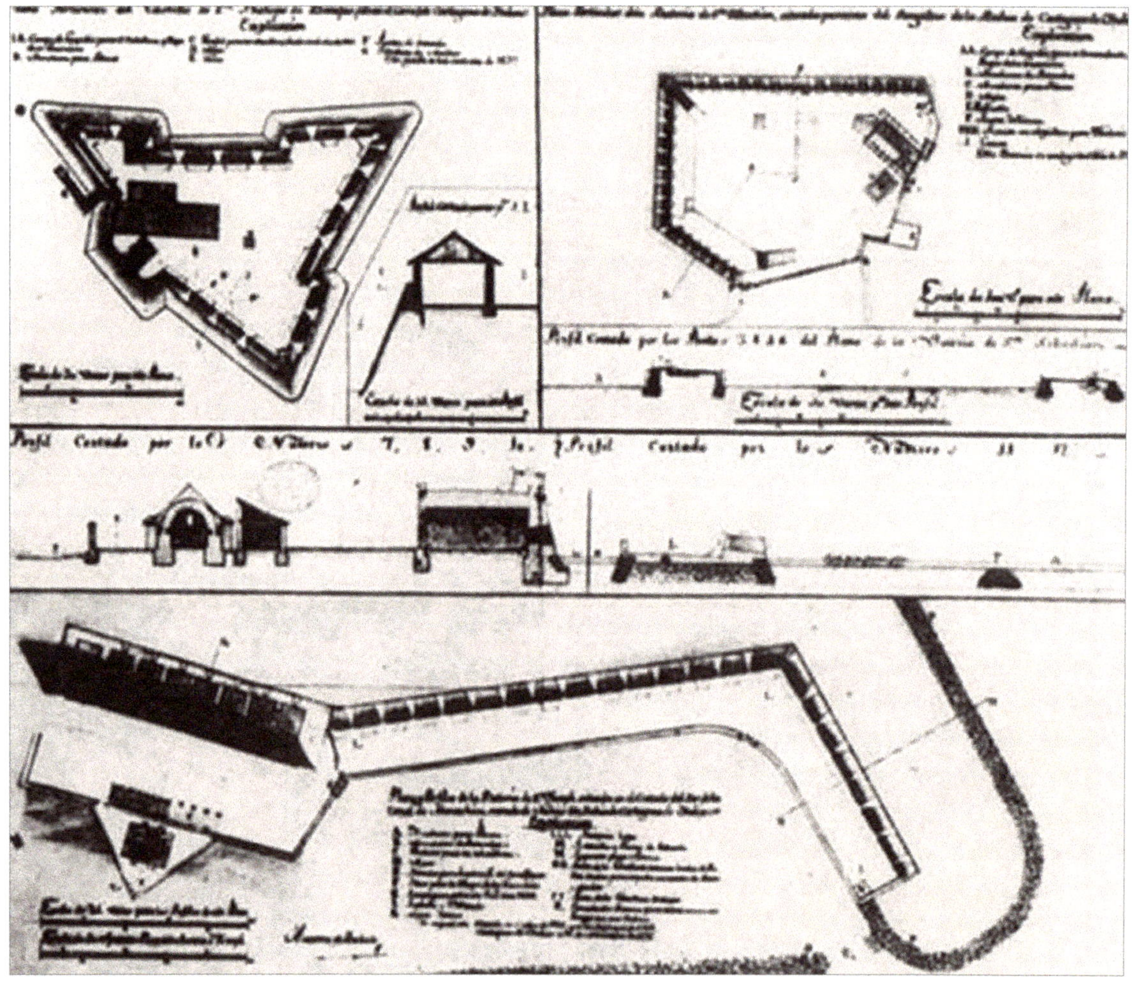

▲ Planimetria del forte di San Felipe de Barajas, forte di Pastelillo e batteria San José de Bocachica. 1778.

España, già presenti in città.

Grazie a questi rinforzi, la città poteva ora contare su circa 3.000 uomini, che comprendevano oltre alle già menzionate unità di fanteria regolare, 300 membri della milizia locale, 500 marinai, 400 fanti di marina, due compagnie di afro-ispanici liberi e 600 arceri e lavoratori indios, reclutati da Melchor de Navarrete, il governatore della città[2]. La difesa dell'abitato era garantita oltre che dai 300 cannoni posizionati nelle varie postazioni terrestri al di fuori dell'abitato, da 320 cannoni di vario calibro posizionati sulle mura della città, nonché da una piccola flotta di navi da guerra, comprendente i vascelli San Felipe (64 cannoni), San Carlos (66), África (64), Dragón (64), Conquistador (64) e Galicia (70), quest'ultima opertante come nave ammiraglia.

Il comando operativo sul campo di queste forze era nelle mani di Blas de Lezo, in qualità di tenente generale della base navale e comandante della flotta spagnola, un ufficiale con una lunga esperienza di combattimenti alle spalle e una solida reputazione di abile e risoluto combattente, ben conosciuta dai suoi avversari.

Al vertice della catena di comando si trovava, invece, il nuovo viceré della Nueva Grenada, il tenenete generale Sebastián de Eslava. Personaggio descritto dalla storiografia come un uomo capace e motivato, affascinato dalla storia greco-romana e che aspirava ad emulare le gesta dei grandi condottieri dell'età classica, era stato nominato in tale ruolo dal 2 settembre 1739. Insieme a Blas de Lezo, sarebbe divenuto uno dei personaggi chiave nella difesa di Cartagena de Indias.

Sebbene entrambi fossero esperti militari, uniti nella ferrea volontà di difendere ad ogni costo la città dai britannici, Eslava e Blas de Lezo non andavano, però, d'accordo e avevano punti di vista diversi su come condurre le operazioni sul campo. Essendo un uomo di mare, Blas de Lezo aveva una visione più dinamica del campo di battaglia, ritenendo che la marina spagnola potesse giocare un ruolo importante nel ritardare l'avanzata nemica verso la città.

Eslava era un soldato con quasi quarant'anni di esperienza militare, acquisita al servizio della Spagna sui principali campi di battaglia europei e in Marocco, dove aveva partecipato alla liberazione di Ceuta (1727) e alla riconqueista di Orano (1732). Basandosi sulla sua esperienza, Eslava credeva che il miglior modo per difendere Cartagena de Indias consistesse nel concentrare tutte le forze spagnole nel perimetro difensivo della cinta muraria nel vicino forte di San Felipe, in modo da trasformare lo scontro in un confronto meramente terrestre.

E' impossibile stabilire chi tra Blas de Lezo e Eslava avesse ragione, ma tra i due prevarrà alla fine il punto di vista di Eslava, anche se la determinazione e il comando sul campo di Blas de Lezo risulteranno alla fine determinanti per la vittoria spagnola.

Tra le file spagnole, oltre a Blas de Lezo, si trovavano comunque anche altri esperti ufficiali, come ad esempio il colonnello Carlos Des Naux, un ingegnere militare di origine svizzera, a cui era stata affidata la direzione delle opere di fortificazione, e il maresciallo di campo Melchor de Navarrete, a cui era stato conferito l'incarico di gestire la parte logistico-amministrativa delle difese cittadine.

La forza britannica incaricata di conquistare Cartagenas de Indias era costituita da una flotta da sbarco, consistente in 186 navi di vario tipo: 36 vascelli (8 dei quali dotati di 3 ponti e 80-90 cannoni), 12 fregate, 2 bombarde e 130 navi da trasporto, oltre ad alcuni brulotti. Questa flotta era ripartita in tre divisioni, al comando rispettivamente degli Ammiragli Chaloner Ogle, Richard Lestock e naturalmente Edward Vernon, quest'ultimo con il doppio ruolo di comandante di squadra e comandante supremo dell'intera flotta.

---

2   Allan J. Kuethe, Juan Marchena, Soldados del rey: el Ejército Borbónico en América colonial en vísperas de la indipendencia, Castelló de la Plana, Universitat Jaume I, 2005, pag. 58.

▲ Giorgio II Augusto di Hannover (10 novembre 1683 – 25 ottobre 1760) re di Gran Bretagna e di Irlanda

Questa flotta poteva considerarsi a buon titolo la più grande che avesse mai solcato i mari sino a quel momento, superiore persino all'Invincibile Armata di Filippo II, composta a suo tempo da 126 unità. Per quanto riguarda l'artiglieria, la flotta britannica nel suo complesso poteva disporre di ben 2.620 cannoni navali e di 1.380 cannoni da campo di vario calibro. A bordo si trovavano 12.600 marinai e un cospicuo numero di truppe da sbarco comandate dal brigadiere generale Thomas Wentworth, un militare privo di esperienza bellica, subentrato in sostituzione di Lord Cathcart, il comandante dell'intera spedizione, deceduto durante il viaggio verso le Americhe.

Le truppe da sbarco britanniche consistevano in circa 9.000 soldati regolari provenienti dall'Europa, inquadrati in due reggimenti di fanteria di linea (il 15° reggimento East Yorkshire e il 24° reggimento South Wales Borderers), il 34° reggimento Cumberland, il 36° reggimento Herefordshire e sei reggimenti di marines, di recente formazione - il 1° reggimento marines (o 44° di linea, noto con il nome di reggimento di Edward Wolfe); il 2° reggimento marines, o 47° di linea (noto con il nome di reggimento di William Robinson); il 3° reggimento marines, o 46° di linea (noto con il nome di reggimento di Anthony Lowther); il 4° reggimento marines (o 47° di linea, noto con il nome di reggimento di John Wynyard); il 5° reggimento marines (o 48° di linea, noto con il nome di reggimento di Charles Douglass); il 6° reggimento marines (o 49° di linea, noto con il nome di reggimento di Lewis Moreton). Oltre a queste truppe, vi erano anche 3.119 miliziani delle colonie americane[3], inquadrati nel 43° reggimento, diviso in quattro battaglioni, al comando del Colonnello William Gooch, in sostituzione del defunto generale Spotswood, governatore della Virginia, fondatore del corpo, anch'egli deceduto prima della partenza del contingente americano) e 300 schiavi tagliatori di canna da zucchero giamaicani.

Trascurati dal governo e dai comandi britannici, una volta giunti in Giamaica, i soldati del 43° reggimento vennero privati di cibo e paga, e utilizzati sulle navi come marinai durante la navigazione, per sopperire alla mancanza degli equipaggi. Questo reggimento si sarebbe guadagnato in seguito una cattiva reputazione tra le forze britanniche, in quanto considerato indisciplinato e composto da elementi poco motivati. Con la fine delle ostilità nei Caraibi, nel 1742, il reggimento venne soppresso. E' interessante notare che del contingente americano faceva anche parte il capitano Lawrence Washington, il fratellastro di George Washington, futuro artefice dell'indipendenza americana.

Sebbene imponente, la forza da sbarco britannica era, però, penalizzata dal fatto di essere composta in gran parte da elementi giunti dall'Europa e dal Nord America (nel caso dei volontari americani), quindi poco abituati al clima tropicale. Le truppe, inoltre, erano composte in buona parte da reclute inesperte, provate da una lunga navigazione e malnutrite a causa delle inadeguate razioni di cibo fornite sulle navi.

Come abbiamo già anticipato, la morte prematura di Lord Cathcart, il generale a cui sarebbe toccato il comando dell'intera spedizione, lasciò inoltre aperta la questione su a chi toccasse la responsabilità generale della spedizione (anche perché il ruolo di vice comandante generale della missione sarebbe spettato a Spotswood, anch'egli deceduto) che continuò a rimanere irrisolta. Questo elemento avrebbe fatto sentire il suo peso negli sviluppi successivi degli eventi.

---

3   The Colonial and State Records of North Carolina. Return of William Gooch's Regiment, January 11, 1741, http://docsouth.unc.edu/csr/figures/CSR_vol15_p754_table.jpg

4.3 I PRINCIPALI PROTAGONISTI

4.3.1 Blas de Lezo y Olavarrieta

Blas de Lezo y Olavarrieta era nato il 3 febbraio 1689 a Pasaia, un paesino costiero dei Paesi Baschi. Appartenente a una famiglia agiata di piccola nobiltà basca, di solide tradizioni marinare, in tenerissima età fu mandato a studiare in un collegio in Francia, dove ricevette la sua istruzione primaria[4].

Essendo il quarto di dieci fratelli[5], in base alla legge del maggiorasco, non avrebbe potuto ereditare beni dalla famiglia, e fu quindi per lui naturale essere avviato alla carriera militare come marinaio. Giovanissimo, nel 1701, pur essendo suddito spagnolo, entrò come guardiamarina nella marina francese, grazie a un programma di interscambio con la marina spagnola promosso dal re Luigi XIV di Francia. A quel tempo, infatti, per far fronte alla crescente aggressività della potenza navale britannica, i regni di Francia e Spagna erano alleati e la collaborazione tra le rispettive marine era divenuta molto stretta, al punto tale che agli spagnoli era permesso di prestare servizio sulle navi francesi.

Nella marina francese, Blas de Lezo ebbe modo di acquisire le prime esperienze di combattimento, durante la guerra di successione spagnola (1701-1714), un conflitto causato da questioni ereditarie scaturite alla morte (senza eredi al trono) del re di Spagna Carlo II di Borbone e che vedeva i francesi, alleati degli spagnoli, sostenere i diritti ereditari di Filippo d'Angiò, contro le pretese dell'Arciduca Carlo D'Austria, sostenuto dalla Gran Bretagna e altri paesi europei.

In questo periodo, Blas de Lezo prestò servizio sotto Luigi Alessandro di Borbone, il figlio di Luigi XIV, prendendo parte alla battaglia di Vélez-Málaga (24 agosto 1704), lo scontro navale più importante di tutta la guerra, nel quale si affrontarono le flotte franco-spagnola e anglo-olandese.

Nonostante la sua giovane età, nello scontro, Blas de Lezo si distinse subito per le sue capacità e il suo coraggio. Tuttavia, durante uno scambio di colpi, una palla di cannone lo ferì alla gamba sinistra. La successiva amputazione dell'arto colpito, probabilmente avvenuta al di sotto della rotula, non gli precluse però la possibilità di mantenere una certa mobilità e di continuare la sua carriera militare.

Da questa menomazione si originò presto il nomignolo di "Patapalo" (gamba di legno), con cui veniva chiamato dagli uomini della sua ciurma.

Ripresosi dall'infortunio, Blas de Lezo partecipò ad altre operazioni militari, tra le quali quelle di soccorso delle piazzeforti di Peñíscola e Palermo, ottenendo nel frattempo anche una promozione sul campo a tenente di vascello.

Nel 1707, durante l'assedio dell'importante base francese di Tolone, Blas de Lezo fu distaccato nella fortezza di Sainte-Catherine, assediata dalle truppe imperiali guidate da Eugenio di Savoia. Durante la difesa della fortezza, Lezo venne però nuovamente ferito in modo grave al volto, da una scheggia di cannone, che gli compromise totalmente la vista dall'occhio sinistro.

Malgrado questo nuovo incidente, dopo una breve convalescenza nel porto di Rochefort, Blas de Lezo tornò nuovamente a combattere, effettuando azioni di soccorso lungo la costa catalana, durante le quali si scontrò con la marina britannica in diverse occasioni, continuando a distinguersi per le sue capacità e il suo coraggio.

Durante una di queste azioni, al comando di una piccola fregata, non esitò ad ingaggiare in combattimento, la Stanhope, un grosso vascello britannico da 70 cannoni, e a catturarlo, grazie ad una abile manovra di abbordaggio.

Nel 1711, il marinaio basco decise di cambiare bandiera e passò agli ordini degli spagnoli, sotto i quali nel

---

4   Manuel García Rivas, "En torno a la biografía de Blas de Lezo". Itsas Memoria. Revista de Estudios Marítimos del País Vasco, n.7 (2012): pag. 492.

5   Ibid. 491.

▲ Ritratto dell'ammiraglio spagnolo Blas de Lezo y Olavarrieta

▲ Satira britannica del 1740, in cui nella didascalia si può leggere che le fortezze spagnole sono una specie di castelli di carta, mentre gli inglesi danno la loro importanza ai commerci

1713 venne promosso capitano di vacello. Sfortunatamente, nelle ultime fasi della guerra di successione spagnola, durante l'assedio di Barcellona, venne ancora una volta ferito, questa volta al braccio destro, da un colpo di moschetto, riportando un'invalidità permanentemente anche a quest'arto.

Le menomazioni alla gamba, all'occhio e al braccio gli fecero così guadagnare tra i marinai il nomignolo di "Mediombre" (mezzo uomo), con cui sarebbe stato successivamente ricordato.

Terminata la guerra di successione spagnola, nel 1716 gli venne conferito il comando del Lanfranco, un vascello da 60 cannoni, destinato alla squadra di don Francisco Chacón nel canale delle Bahamas. Lì venne incorporato nella squadra franco-spagnola dell'ammiraglio Bartolomé de Urdizu, con il compito di operare in funzione di contrasto al contrabbando e alla pirateria, lungo le coste del Viceregno del Perù. Qui, nel 1723, dopo sette anni di servizio, Blas de Lezo assurse al comando della squadra, con base a Callao.

In Sudamerica rimase diversi anni. Nel 1725, a 35 anni di età, si sposò con Josefa Mónica Pacheco Bustíos y Solís, di soli 16 anni di età. Una nobile e ricca peruviana rimasta orfana di entrambi i genitori, di soli 16 anni di età. Da questo matrimonio nacquero sette figli, i primi due dei quali a Lima.

Nel 1730 venne richiamato in Europa, questa volta per comandare la squadra navale del Mediterraneo. Blas de Lezo si stabilì quindi con la sua famiglia a Cadice, la principale base navale spagnola nel vecchio continente, dove svolse con la consueta abilità e determinazione questo incarico ai più alti livelli della marina spagnola.

Tra le operazioni più significative da lui condotte in questo periodo si ricordano una risoluta azione dimostrativa contro la Repubblica di Genova e, in seguito, anche due brillanti spedizioni militari contro Orano, città formalmente sotto la sovranità ottomana, controllata dalle forze del Bey Hassan, culminate con la sua completa occupazione. Durante l'ultima di queste spedizioni, Blas de Lezo si rese anche protagonista di un audace attacco all'interno della baia di Mostagán, il rifugio del Bey, nel corso del quale danneggiò gravemente le fortificazioni poste all'ingresso della baia, nonché la nave dello stesso Bey.

Nel 1734 ottenne la promozione a tenente generale della marina finché, nel febbraio 1737, con il deteriorarsi delle relazioni tra Gran Bretagna e Spagna, venne inviato di nuovo nelle Americhe al comando delle navi Fuerte e Conquistador, per ricoprire il ruolo di comandante generale della base navale di Cartagena de Indias.

A Cartagena Blas de Lezo andò solo, preferendo lasciare la sua famiglia a Cadice. Non riuscì neppure a vedere la sua ultima figlia Ignacia Antonia, poiché nacque un mese dopo la sua partenza.

Scoppiata la guerra dell'orecchio di Jenkins, a Cartagena de Indias nel corso del 1740 Blas de Lezo dovette inizialmente respingere due attacchi britannici su piccola scala, effettuati dall'ammiraglio Edward Vernon. Nel 1741, quando la città venne per la terza volta attaccata dai britannici, questa volta giunti con una grande forza da sbarco, Blas de Lezo si distinse ancora per le sue abilità e la sua tenacia. Terminata la battaglia con il ritiro delle ultime forze britanniche, avvenuto il 20 maggio 1741, l'ammiraglio spagnolo non sopravvisse però a lungo e morì il 7 settembre 1741.

Secondo alcuni il suo decesso avvenne probabilmente a causa delle ferite riportate durante lo scontro, mentre altri ascrivono la sua morte alla possibile contrazione di una malattia fatale diffusasi in città a causa di feci infette o della grande quantità di cadaveri rimasti insepolti dopo lo scontro.

Questo potrebbe spiegare perché l'ammiraglio spagnolo morì in un ospedale in completa solitudine e il suo corpo venne in seguito gettato in una fossa comune. Di lui sono rimaste alcune lettere inviate a Santiago de Irisarri Zacarías, un conterraneo basco residente a Cadice, incaricato da Blas de Lezo di prendersi cura della famiglia, insieme a suo padre, Pedro de Lezo. In queste lettere, Blas de Lezo fornisce indicazioni sull'amministrazione del denaro, e dei prodoti che inviava ai suopi familiari.

Le lettere svelano aspetti sui suoi problemi di salute, le sue preoccupazioni per garantire il benessere della sua famiglia e la solitudine che sentiva nello stare lontano dai suoi cari. Da queste lettere emerge chiaramente la sua speranza che la guerra contro la Gran Bretagna terminasse al più presto.

Se i resti del suo cadavere non furono mai ritrovati, di lui è però rimasto vivido il ricordo come uno dei più capaci e determinati comandanti della marina spagnola della sua epoca.

Anche se la figura di Blas de Lezo rimane poco conosciuta al di fuori della Spagna, ai nostri giorni viene ancora ricordata con grande rispetto nella *armada española*, la quale negli anni gli ha intitolato numerose unità della sua flotta. A lui, tra l'altro, è dedicata anche una targa commemorativa nel Panteón de Marines Ilustres di San Ferdinando, a Cadice, il luogo dove sono sepolti molti degli uomini di mare più importanti della storia di Spagna.

▲ Ritratto di Edward Vernon eseguito da Thomas Gainsborough (1753 circa)

4.3.2 Edward Vernon

Se la vita di Blas de Lezo fu dedicata esclusivamente alla carriera nella marina militare, quella di Vernon viaggiò sempre su due binari, uno politico e l'altro militare.

Nato il 12 novembre 1684 nella città di Westminster (Londra) era il secondogenito dei due figli di James Vernon, ex segretario di stato (1697-1700) e direttore dell'influente London Gazette.

A sette anni di età, Vernon fu mandato a studiare alla prestigiosa Scuola di Westminster, da cui uscì a sedici anni. Entrato in marina come volontario nel 1701, partecipò a diverse spedizioni nel mediterraneo e nelle Indie occidentali fino al 1707, ascendendo in questo periodo al grado di capitano con comando effettivo (*post-captain*) della Royal Navy. Con lo scoppio della guerra della Quadruplice Alleanza (1718-1720), Vernon venne nominato comandante della flotta britannica di stanza in Giamaica e incaricato di controllare il tratto di mare tra quest'isola e il Passaggio sopravento (che separa Cuba dall'odierna Haiti). Rientrato in Inghilterra nel 1721, l'anno successivo Vernon venne eletto al Parlamento nella circoscrizione di Penryn, in Cornovaglia. Negli anni 1726-27, tornò nelle sue vesti di marinaio, prendendo parte, sotto gli ammiragli Charles Wager (futuro primo lord dell'ammiragliato) e John Norris (futuro comandante in capo della flotta britannica), ad alcune operazioni navali nel Baltico.

Terminate le operazioni navali e rientrato in patria, riprese la sua posizione in parlamento. Venne rieletto nel 1727, ma le sue posizioni critiche contro il ministero della guerra su alcune questioni strategiche e militari che riguardavano la marina britannica, gli guadagnarono molti nemici e gli costarono la rielezione nel 1734.

Acceso sostenitore della guerra contro la Spagna, allo scoppio della guerra dell'Orecchio di Jenkins (1739-1742), assurse alla guida delle forze navali britanniche nei Caraibi. Dopo le fortunate inprese di Portobello e Chagres (1739), che gli diedero grande popolarità, fu uno dei principali artefici della disastrosa impresa di Cartagena de Indias (1741).

Tornato in Inghilterra nel gennaio 1743, essendo nel frattempo stato eletto al parlamento nella circoscrzione di Ipswich, Vernon riprese l'attività di parlamentare. Dal parlamento, continuò a battersi per rafforzare la marina reale britannica, sostenendo anche la necessità di un miglioramento delle condizioni di vita dei marinai a bordo delle navi. Tuttavia, il suo atteggiamento critico verso l'ammiragliato britannico causò la sua radiazione dalla Royal Navy nel 1746. Edward Vernon continuò comunque a rimanere membro del parlamento fino alla sua morte, avvenuta a Nacton, nel Suffolk, il 30 ottobre 1757.

Il carattere di Vernon non mancava certo di aspetti discutibili, indubbiamente coraggioso e determinato, indulgeva, però, spesso in comportamenti di sciocca o futile durezza. Si pensi, ad esempio, all'inutile decisione di bombardare Cartagena de Indias avvicinando alle mura della città il Galicia, l'ex nave ammiraglia di Blas de Lezo, catturata in precedenza agli spagnoli a Bocachica e trasformata in batteria galleggiante, oppure alla decisione di continuare per quasi un mese un inutile bombardamento della città, dopo che le forze britanniche di terra avevano rinunciato all'assedio ed erano già state reimbarcate. Inopltre aveva la tendenza ad enfatizzare i propri meriti personali, probabilmente per calcolo politico, a scapito di quelli dei suoi sottoposti.

4.4 L'INIZIO DELL'ATTACCO

Negli ultimi mesi del 1740 e nei primi mesi del 1741, a Port Royal, i britannici avevano infatti radunato un'imponente flotta da sbarco, forte di circa 25.000 uomini, con l'obiettivo di sferrare un attacco in grande stile contro uno dei punti nevralgici dell'impero spagnolo nei Caraibi.

Dopo un iniziale interesse per l'Avana, piazzaforte ben difesa da 7.000 spagnoli, l'attenzione andò concentrandosi però sulla città di Cartagena de Indias, che pur essendo protetta da un sistema di forti e mura, sulla carta rappresentava un obiettivo di più facile portata, essendo presidiata da forze ben più esigue. La città, del resto, aveva già subito numerosi attacchi e saccheggi da pirati e corsari. L'ultima volta, nel 1697 dall'ammiraglio francese Jean Bernard Desjeaux, barone di Pointis, con sole 30 navi da guerra, 5 navi da trasporto e 4.700 uomini (tra marinai, soldati e cosari). Non c'era quindi motivo di credere che le cose sarebbero andate diversamente contro le disciplinate forze britanniche, numericamente oltre cinque volte superiori a quelle del di Pointis.

Una vittoria su Cartagena de Indias avrebbe inferto un colpo decisivo agli spagnoli, con un probabile effetto domino sugli altri punti nevralgici del sistema coloniale spagnolo nei Caraibi e conseguenze imprevedibili per la stabilità dell'intero impero spagnolo nelle Americhe.

Da un punto di vista personale, per l'ammiraglio Vernon, la conquista di Cartagena de Indias lo avrebbe consacrato come il grande eroe del nascente impero britannico. L'ammiraglio inglese sarebbe così divenuto il nuovo Francis Drake dell'impero, il quale peraltro nel 1586 era anche lui riuscito nell'impresa di conquistare e saccheggiare la città.

La conquista di Cartagena de Indias avrebbe aperto all'ammiraglio britannico le porte per una impetuosa ascesa politica, forse addirittura per la carica di primo ministro. Una cosa era certa, Vernon a Cartagena de Indias si stava giocando il tutto per tutto.

Questa strategia sembrò, almeno inizialmente dare ragione ai britannici. Dopo la facile conquista di Portobello, la distruzione del forte di Chagres e un paio di azioni di bombardamento su Cartagena de Indias, per saggiarne le difese, questi si convinsero a tentare un attacco in grande stile proprio su questa città, ritenendolo un obiettivo raggiungibile. Contro forze britanniche otto volte superiori, non c'era motivo di credere che questa volta la città sarebbe riuscita a resistere.

I britannici mancavano però di approfondite conoscenze sulla città e i suoi dintorni, essenziali per procedere con efficacia ad un suo attacco. In verità già nell'ottobre 1739, Vernon aveva cercato di acquisire informazioni sulla situazione delle sue difese, inviando a Cartagena de Indias l'imbarcazione Fraternity con a bordo, due spagnoli impiegati della Compagnia dei Mari del Sud, che avrebbero dovuto consegnare due documenti, uno al governatore della città, Melchor de Navarrete, e l'altro a Blas de Lezo, quale comandante generale della base navale. La consegna dei documenti sarebbe stata solo un pretesto per introdurre il suo primo tenente Percival all'interno della città per spiarne le difese, ma il governatore aveva proibito l'ingresso dell'imbarcazione nel porto e l'operazione era abortita.

Tra il dicembre 1740 e il gennaio 1741, a Port Royal, la principale base britannica nei Caraibi, venne concentrata una imponente flotta da sbarco, composta da navi e truppe provenienti dalla Gran Bretagna e dalle colonie americane.

Nonostante questi sforzi, nel gennaio 1741, il tifo, lo scorbuto e la dissenteria stavano già iniziando a falciare i ranghi britannici, causando la morte di 500 uomini e l'infermità di altri 1.500. Come abbiamo anticipato, tra i deceduti vi fu anche Lord Cathcart, il comandante in capo di tutta la spedizione, morto durante il viaggio dalla Gran Bretagna. A queste malattie si sarebbero aggiunti a breve quelle tropicali, quali la malaria e la febbre gialla.

Ulteriori ritardi nella preparazione della spedizione in Giamaica e un tentativo di ingaggio della flotta francese mandata in soccorso degli spagnoli, , comandata dall'ammiraglio D'Antin, che sarebe in seguito tornata in Europa a causa di un'epidemia scoppiata a bordo delle navi, fecero sì che le operazioni di

PERCHÈ SI DICE GUERRA DI JENKINS ? (note di Luca Cristini)

La guerra iniziata nel 1739 tra Spagna ed Inghilterra, poi proseguita nella più nota Guerra di successione austriaca (1740-1748) fu caratterizzata dal nome con cui è poi passata alla storia, ossia "Guerra dell'Orecchio di Jenkins".

Robert Jenkins era un semplice marinaio inglese, dedito a scorrerie e contrabbandi più o meno illegali lungo le coste del Sud America. Gli inglesi sguazzavano liberamente in quelle acque dopo le concessioni ottenute al termine della Guerra di successione spagnola. Gli iberici, per reazione, iniziarono ad usare la mano pesante, arrivando a mozzare l'orecchio del sopracitato Robert.

Quest'ultimo appena gli fu possibile si presentò mutilato alla Camera dei Comuni a Londra, costringendo il riluttante premier Walpole a dichiarare guerra alla Spagna. Lo stato inglese uscirà rafforzato da questo turbinio di guerre di metà Ottocento, mentre la Spagna continuerà a perdere pian piano tutti i suoi possedimenti e la centralità che aveva mantenuto fino a un secolo prima.

La stampa satirica britannica. Implacabile come sempre da conto di come si svolsero i fatti della denuncia. Robert Jenkins consegna al primo ministro Robert Walpole (seduto sulla sinistra) il suo orecchio mozzo, mentre i suoi compagni sollevano la parrucca per mostrare la cicatrice. Allo stesso tempo un delegato politico di Walpole mostra sprezzante indifferenza totale, preferendo di gran lunga conversare con una signora. Cartone satirico del 1738 conservato al British Museum.

attacco a Cartagena iniziassero solo il 13 marzo, quando una piccola avanguardia britannica, composta da due navi da guerra e una nave ausiliaria, gettò l'ancora al largo di punta Canoa, nell'estremo nord della baia di Cartagena.

Solo nel pomeriggio del 15 marzo comparve all'orizzonte anche la parte più avanzata del grosso della flotta di Vernon, che ormeggò il pomeriggio del giorno seguente tra Punta Canoa e la Spiaggia Grande. A questo punto, alcune navi minori simularono uno sbarco a nord della città, mentre i vascelli *Dunkirk* e *Weymouth*, e gli sloop *Experiment* e *Spence* effettuarono ricognizioni più a sud, vicino a Bocagrande. Tuttavia, la presenza di canali fortificati e il massiccio fuoco di sbarramento proveniente dalle mura della città convinse gli inglesi dell'impossibilità di effettuare uno sbarco in quel punto. Vernon fu, quindi, costretto ad optare per la forzatura del canale di Bocachica, a sud della baia.

Tabella 4 - Principali navi da guerra in forza alla flotta di Vernon al momento dell'attacco a Cartagena de Indias*		
Nave	Portelli cannoni	Comandante (capitano, se non diversamente indicato)
Russell	80	Henry Norris
Princess Caroline	80	Thomas Griffith
Boyne	80	Richard Lestock
Shrewsbury	80	Isaac Townshead
Torbay	80	John Gascoyne
Cumberland	80	James Stewart
Princess Amelia	80	Comodoro Hemmington
Chichester	80	Robert Trevor
Norfolk	80	Graves
Buckingham	70	Mitchell
Burford	70	Thomas Watson
Hampton Court	70	Digby Dent (ospite a bordo il commodoro Charles Brown)
Prince of Orange	70	Osborne
Oxford	70	Lord August Fitzroy
Weymouth	70	Charles Knowles
Prince Frederick	64	Edward Boscawen
Defiance	64	John Trevor
Augusta	64	Dennison
Suffolk	64	Thomas Davers
Lion	60	Charles Cotteril (o Cotterel)
Princess Louisa	60	Thomas Waterhouse
Worchester	60	Perry Main
Superb	60	William Hervey
Deptford	60	Savage Mostyn
Rippon	60	Thomas Jolly (noto anche come Jolley o Joliff)
Strafford	60	Thomas Trevor
Tilbury	60	Robert Long
Jersey	60	Peter Lawrence
York	60	Coates
Montague	52	William Chambers
Lichfield	48	William Cleland (o Cleveland)

elaborazione personale dell'autore.

Il canale di Bocachica era però anch'esso ben presidiato, dal forte di San Luís e dalle batterie costiere, situati sull'isola di Tierra Bomba, e dal forte di San José e dalle batterie di Punta Abanicos e Varadero, posti all'imboccatura del canale. Tra il forte di San Luís e quello di San José, in previsione di un attacco britannico, Blas de Lezo aveva fatto inoltre costruire uno sbarramento di tronchi legati tra loro, in modo da serrare completamente il canale.

Il comandante spagnolo aveva disposto inoltre i quattro vascelli più grandi di cui disponeva (África, San Carlos, San Felipe e Galicia) dietro lo sbarramento di tronchi, con l'obiettivo di agire a supporto dei forti di San Luís e San José. Il resto della flotta spagnola, composto dal Dragón e dal Conquistador, fu invece posto all'imboccatura di Bocagrande, l'altro canale di ingresso della baia, per prevenire possibili infiltrazioni di piccole imbarcazioni.

Tutto il sistema difensivo spagnolo di Bocachica faceva perno sul forte di San Luís, la piazzaforte più

▲ Sebastián de Eslava y Lazaga (1684 – 1759) generale ed amministratore coloniale spagnolo. Dal 24 aprile 1740 al 6 novembre 1749 fu viceré del Vicereame della Nuova Granada. Stava governando la colonia al tempo della sconfitta dell'ammiraglio britannico Edward Vernon a Cartagena de Indias. Dopo la morte fu nominato marqués de la Real Defensa de Cartagena de Indias.

▲ Antica rappresentazione della battaglia di Cartagena de Indias

munita in quel settore, al quale furono assegnati 400 soldati, 200 dei quali fanti di marina spagnoli, al comando del Colonnello Des Naux.

L'obiettivo di Vernon era quello di occupare l'isola di Tierra Bomba per attaccare il forte di San Luís sia da terra che dal mare.

Per l'attuazione di questo piano, occorreva per prima cosa eliminare la minaccia costituita dalle batterie di Tierra Bomba. Alle ore 9.00 del mattino del 20 marzo i vascelli Norfolk, Shrewsbury e Russell (ciascuno dotato di 80 cannoni), al comando dell'ammiraglio Ogle, si avvicinarono all'isola di Tierra Bomba, aprendo il fuoco contro le batterie di Santiago e San Felipe, che erano tenute da un'ottantina di spagnoli guidati dal tenente di vascello Lorenzo de Alderete. Nello stesso momento, il Princess Amelia (anch'esso un vascello da 80 cannoni) e la fregata Litchfield facevano altrettanto con quella di Chamba, che però pare fosse già stata evacuata dagli spagnoli.

Contemporaneamente a queste azioni, per distogliere l'attenzione degli spagnoli dal vero obiettivo dell'attacco, i britannici iniziarono le prime azioni di cannoneggiamento del forte di San Luís e della stessa città di Cartagena de Indias.

Inizialmente le operazioni di cannoneggiamento contro le batterie Santiago e San Felipe non andarono benissimo per i britannici, perché ad un certo punto la cima dell'ancora dello Shrewsbury venne colpita da un colpo fortuito degli spagnoli e, spezzandosi, fece andare il vascello alla deriva, proprio davanti alle postazioni nemiche. Esposto quindi al tiro delle batterie spagnole, il vascello britannico subì ingenti danni, nonché la perdita di un centinaio di uomini, tra morti e feriti.[6]

Nonostante questo, dopo quattro ore di combattimento, l'esito della battaglia iniziò a pendere in

---

6   Tobias Smollett, Thomas Roscoe, The miscellaneous works of Tobias Smollett, London, 1844, p. 606.

favore dei britannici. A causa della soverchiante forza nemica, gli spagnoli delle batterie di Tierra Bomba furono, però, infine obbligati a ritirarsi all'interno del forte di San Luís, con l'artiglieria al seguito. Alle due del pomeriggio, i britannici iniziarono a far sbarcare i primi contingenti.

Tuttavia, a causa delle cattive condizioni del mare, le operazioni procedettero a rilento, protraendosi fino al giorno successivo.

A questo punto gli inglesi, sotto il tiro nemico, iniziarono a costruire una batteria di cannoni, protetta da dossi di terra e fascine, per bombardare il principale forte nemico.

Poiché dalla batteria di Punta Abanicos, gli spagnoli, abilmente diretti dal tenente di artiglieria Joaquín de Andrade, colpivano con particolare efficacia le truppe britanniche sbarcate a Tierra Bomba, Vernon ordinò di distruggerla. Il 30 marzo, un contingente di 300 marinai e 200 soldati britannici, al comando del capitano di marina Thomas Watson, effettuarono un secondo sbarco a mezzo miglio di distanza dalla batteria di Punta Abanicos.[7] Le truppe britanniche durante l'avanzata incapparono, però, nella batteria spagnola di Varadero, comandata dal tenente di marina José de Loayza, dotata di cinque cannoni. La batteria, sapientemente occultata tra le pieghe del terreno e la vegetazione, aprì all'improvviso un tiro micidiale sui britannici e costò loro una settantina di perdite, tra morti e feriti. Questo però non impedì loro di contrattaccare, riuscendo alla fine a sopraffare gli spagnoli[8] e a mettere anche fuori uso le artiglierie spagnole di Punta Abanicos. Il successo dei britannici fu però solo momentaneo, poiché gli spagnoli, al comando del tenente di marina José Campuzano riuscirono presto a sbloccare un buon numero di cannoni e a riprendere nuovamente il fuoco.

La lentezza con cui procedevano le operazioni militari rischiava di minare la possibilità di successo dei britannici, tra le cui fila iniziavano già a diffondersi malattie come il tifo e lo scorbuto.

Il 2 aprile i britannici riuscirono finalmente a posizionare sull'isola di Tierra Bomba l'artiglieria di assedio, consistente in 12 grandi cannoni da 24 libbre, che venne posizionata ai piedi della distrutta batteria di Santiago, e due batterie di mortai, a nord-est del forte di San Luís. Vernon ordinò, quindi, un incessante bombardamento da terra contro il forte di San Luís, supportandolo dal mare con cinque vascelli della propria flotta.

Lo scontro divenne presto durissimo: i britannici bombardarono la fortezza senza sosta, ad una media di 62 proiettili l'ora. Blas de Lezo, sempre in prima fila durante i combattimenti a bordo del Galicia, diede al forte di San Luís tutto il supporto possibile dal mare, riversando sulle forze nemiche, alla fine della giornata, ben 760 colpi di cannone.

Nonostante l'accanita resistenza dei difensori di Bocachica, la caduta del forte di San Luís era ormai solo una questione di tempo.

Alle prime luci del 3 aprile l'ammiraglio Lestock si avvicinò alla terraferma con le navi Boyne, Hampton Court, Prince Frederick, Princess Amelia, Suffolk e Tilbury per dare inizio a due giorni di ulteriori bombardamenti contro i forti di San Luís e San José. Sebbene i britannici furono costretti a ritirarsi dopo aver subito gravi danni, un nuovo sbarco di truppe permise loro di distruggere per la seconda volta la batteria di Punta Abanicos. La situazione per gli spagnoli si faceva desso più critica.

Nella notte tra il 3 e il 4 aprile alcune granate riuscirono a colpire il Galicia, mentre a bordo si trovavano il Viceré Eslava e Blas de Lezo, i quali rimasero lievemente feriti, Eslava a una gamba e Lezo a una mano e a una coscia.

Il pomeriggio del 5 aprile, dopo una giornata di bombardamenti, le artiglierie britanniche posizionate

---

7   Santiago Gómez, "La Guerra de la Oreja de Jenkins. Combates en el Caribe. Operaciones principales", Vedere anche: David F. Marley, Wars of the Americas: a chronology of armed conflict in the New World, 1492 to the present, ABC-CLIO, Santa Barbara, 1998, pag. 391.

8   Nel corso del combattimento cadde anche lo stesso tenente di marina Loayza.

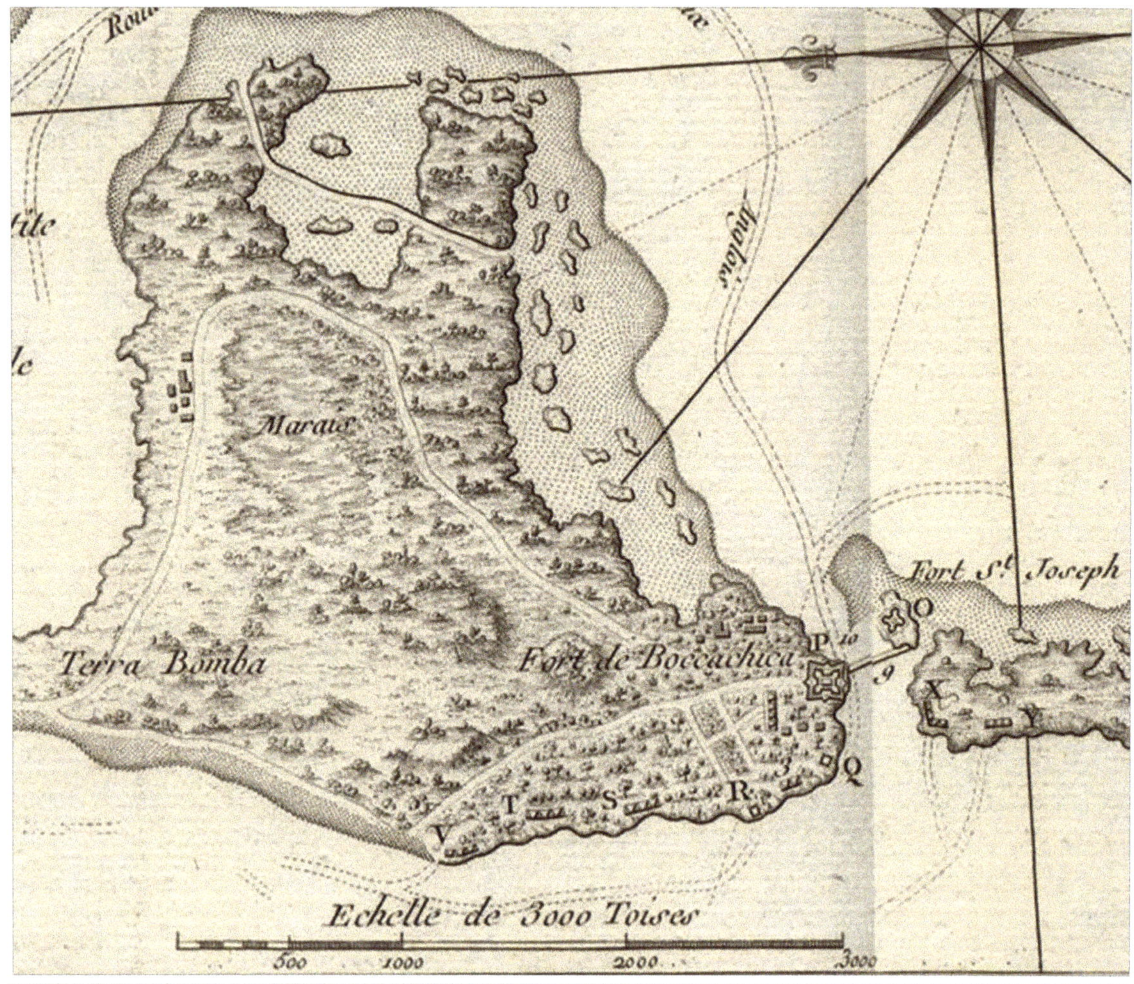

▲ Pianta con ubicazione delle batterie sull'isola di Tierra Bomba

a Tierra bomba riuscirono ad aprire una breccia nelle mura del forte di San Luìs, abbastanza grande da poter far passare la propria fanteria.[9]

Alle 17.30, il generale Wentworth ordinò quindi l'assalto generale alla fortificazione. Vedendo le truppe britanniche avanzare e constatata l'impossibilità di prolungare ulteriormente la resistenza, il Colonnello Des Naux fece alzare sul forte di San Luis la bandiera bianca e segnalare ai britannici, con tamburi, una richiesta di tregua. Tuttavia, gli attaccanti, forse non avvedendosi della richiesta spagnola a causa del fumo e del rumore, nella foga dell'assalto continuarono l'azione. Agli spagnoli, ormai esausti, per evitare di essere massacrati sul posto non restò quindi che lasciare il campo e imbarcarsi su lance e canoe per fare rotta su Cartagena de Indias.

Nel frattempo, il capitano Charles Knowles faceva sbarcare anche sulla riva meridionale della baia un gruppo di fanti di marina, i quali attaccarono anche il forte di San José, con l'obiettivo di liberare totalmente il canale dalla presenza spagnola. Alle dieci di sera fu occupato anche questo forte, trovato già abbandonato dagli spagnoli.

Tra le file spagnole in ritirata furono momenti di grande confusione e incertezza. In un estremo tentativo di ritardare l'ingresso da flotta britannica all'interno della baia, Eslava prese la decisione di

---

9   Tobias Smollett, The Adventures of Roderick Random, G. Routledge & Co. Farringdon Street, Londra, 1857, pag. 244.

affondare tutti i vascelli disponibili in modo da bloccare il canale di Bocachica. Blas de Lezo, pur non condividendo questa scelta, fu costretto ad eseguire gli ordini.

L'operazione di affondamento delle navi spagnole non ebbe comunque il successo sperato, poiché per errore il Galicia non prese fuoco in tempo e nella notte venne catturato ancora intatto dagli uomini del capitano Knowles, con una sessantina di marinai spagnoli che si trovavano ancora a bordo. Sempre lo stesso capitano fece poi tagliare la barriera di tronchi che univa il forte di San José con quello di San Luís, liberando così definitivamente l'ingresso del canale.

Alle tre di notte del 6 aprile, a bordo di lance e canoe, gli spagnoli in fuga da Bocachica giunsero a Cartagena de Indias e con essi anche Blas de Lezo e il Viceré Eslava. Appena arrivato, Lezo si diede da fare per organizzare una nuova linea di difesa intorno all'abitato, facendo ripiegare le navi Dragón e Conquistador, ancora alla fonda all'entrata del canale di Bocagrande, nel canale di Puerto.

L'obiettivo di questa mossa era quello di utilizzare le ultime due navi rimaste, insieme ai forti di Santa Cruz, Manzanillo e Pastelillo, per chiudere l'ingresso della Baia Interior.

Quella stessa mattina, a Bocachica, la flotta di Vernon incominciò le operazioni di aggiramento delle navi spagnole affondate nel canale, spostandosi all'interno della baia, operazione che si protrasse fino alla sera del 7 aprile. L'ammiraglio britannico si spinse quindi verso la parte settentrionale della baia, iniziando ad attaccare le difese spagnole più interne con le navi Burford e Orford, mentre la nave Weymouth, comandata da Knowles, e uno sloop distruggevano le batterie di Pasacaballos (8 aprile). A questo punto Vernon era divenuto talmente sicuro della vittoria finale che inviò in Inghilterra lo sloop Spence, al comando del capitano Laws, per annunciare l'imminente caduta della città.

▲ Cartagena de Indias, vista delle possenti mura della fortezza di San Felipe de Barajas

4.5 DALLA CONQUISTA BRITANNICA DI BOCACHICA IN POI

Dopo la forzatura del canale di Bocachica, per gli spagnoli la situazione strategica si era fatta più complicata, ma non poteva ancora dirsi irrimediabilmente compromessa. Per il Viceré la strategia migliore era quella di non impegnarsi contro i britannici durante le fasi di sbarco, ma di concentrare le truppe all'interno delle mura della città e attendere lì il loro attacco. Al contrario, Lezo riteneva che si dovesse attaccare il nemico proprio durante lo sbarco, quando sarebbe stato più vulnerabile.

Entrambe le strategie avevano pro e contro, almeno in teoria. Per Eslava, il sacrificio di preziosi marinai spagnoli in scontri navali impari contro la flotta britannica, probabilmente, non appariva a Eslava molto sensata, poiché questi avrebbero potuto sicuramente essere utili sulle mura della città assediata, soprattutto come cannonieri e serventi. Tra le file spagnole, la scarsità di uomini era infatti un problema al quale le malattie tropicali non facevano che contribuire. D'altra parte, mantenere i britannici il più possibile lontani dall'abitato avrebbe garantito ai difensori di Cartagena de Indias loro maggiore facilità di ricevere approvvigionamenti, mentre lasciare loro campo libero avrebbe potuto esporre gli spagnoli al potenziale rischio di rimanere tagliati fuori dal territorio circostante. Ancora una volta, però, prevalse il punto di vista di Eslava e Lezo non poté fare nulla contro i suoi ordini. L'iniziativa venne, quindi, lasciata ai britannici.

Allo scopo di bloccare l'accesso via mare alla Baia Interior, il 10 aprile Eslava diede anche ordine a Blas de Lezo di affondare nel canale di porto gli ultimi due vascelli rimastigli, il Dragón e il Conquistador, insieme a quel che restava della flotta mercantile presente in città. Eslava decise inoltre di evacuare la fortezza di Santa Cruz, il forte principale a guardia del Canale di Porto. Ancora una volta Blas de Lezo, per quanto contrariato dalle decisioni di Eslava, fu costretto ad obbedire.

Al calare della notte, gli spagnoli abbandonarono la fortezza di Santa Cruz. Notando i movimenti delle truppe spagnole, il capitano Knowles diresse immediatamente la Weymouth direttamente sotto le mura della fortezza e fece aprire il fuoco. Terminato il cannoneggiamento, fece quindi sbarcare un centinaio di soldati, i quali, una volta giunti al forte, lo trovarono ormai completamente vuota e la occuparono senza combattere.

Come all'ingresso del canale di Bocachica, l'affondamento delle due unità nel Canale di porto risultò ancora una volta inutile, perché i britannici riuscirono a rimorchiare uno dei due scafi lontano dall'imboccatura della baia cittadina, ripristinandone rapidamente la navigabilità.

Il 12 aprile i britannici penetrarono così nella Baia Interior in forze e iniziarono il cannoneggiamento a distanza dell'abitato. Da un momento all'altro, gli spagnoli dovevano ormai aspettarsi un nuovo attacco via terra.

Nella notte del 16 aprile un contingente britannico, al comando del generale Blakeney, lasciandosi sul fianco sinistro il forte di Manzanillo, effettuò un massiccio sbarco a Tejar de Gracias (a circa tre miglia a sud del colle de La Popa). L'obiettivo era quello di occupare le isole di Manga e Gracias e di isolare così la città dalla parte di terra. L'accerchiamento venne completato a mezzogiorno del giorno seguente, quando le milizie coloniali nordamericane occuparono, senza incontrare resistenza, la cima del colle de La Popa, dove si trovava un convento. Ormai giunte in prossimità della città, le truppe britanniche si trovarono però l'accesso sbarrato dalla presenza del forte di San Felipe de Barajas.

Quello di San Felipe era il forte più grande di tutti quelli costruiti nel continente americano fino a quel momento. Disponeva di massicci bastioni dotati di 24 cannoni, ed era presidiato da una guarnigione di 250 fanti spagnoli (dei reggimenti Aragòn e España), rinforzata da altri 350 uomini (tra fanti di marina, miliziani e indios), molti dei quali avevano già partecipato alla difesa di Bocachica, compreso il colonnello Des Naux. In prospettiva dell'arrivo dei britannici, Blas de Lezo aveva fatto rinforzare le mura con sacchi e materiali di riporto e aveva anche fatto scavare un profondo fossato e trinceramenti

▲ Planimetria della piazza di Cartagena de indias e del suo territorio circostante.

disposti a zig zag, in modo da massimizzare la concentrazione del tiro delle armi da fuoco da qualsiasi angolo di attacco.

Occupato il colle de La Popa, i britannici tennero un consiglio di guerra per discutere se attaccare subito la fortezza di San Felipe de Barajas o attendere l'arrivo dell'artiglieria per "ammorbidire" le sue difese prima dell'assalto. Alla fine venne deciso di attendere l'arrivo dell'artiglieria. Questa scelta, apparentemente sensata, si rivelò in realtà sbagliata poiché diede modo agli spagnoli di terminare l'allestimento delle difese del forte, ma soprattutto fece perdere diversi giorni ai britannici, i cui ranghi, falciati dallo scorbuto, cominciavano ad essere decimati e dalle malattie tropicali.

I britannici infatti erano esposti direttamente all'ambiente malsano delle paludi che circondavano la baia e alla mancanza di prodotti alimentari freschi, poiché imposibilitati ad approvvigionarsene nell'entroterra. Le foreste di mangrovie, che costituivano un ostacolo per i britannici favorivano invece l'arrivo di derrate alimentari fresche alla città, attraverso i canali che le solcavano.

Una descrizione della cattiva alimentazione dei britannici la offre Tobias Smollet nel suo libro "The Adventures of Roderick Random", quando parla delle forniture alimenatri alla truppa, che consistevano in carne salata putrescente, alla quale i marinai avevano affibbiato il nomignolo di cavallo irlandese, carne di maiale sotto sale del New England, la quale non aveva l'aspetto né della carne e né del pesce, ma aveva il sapore di entrambi, pane proveniente dalla stessa colonia, biscotti che giravano come ingranaggi di orologi come mossi da un impulso interno per via della presenza di miriadi di insetti che vi dimoravano all'interno e burro dal sapore di olio di treno salato.[10] Inoltre, al posto di una piccola birra, a ciascun marinaio veniva somministrata regolarmente un quarto e mezzo di pinta, equivalente a circa un bicchiere di piccole dimensioni, di rum o brandy diluito in acqua, senza l'aggiunta di zucchero o frutta per renderlo più gradevole al palato.

Il 19 aprile, nonostante i britannici non fossero ancora in grado di usare le artiglierie campali per colpire il forte, e i loro ranghi risultassero sempre più falcidiati dalle malattie tropicali, si risolsero ad attaccare il forte di San Felipe de Barajas, dopo essere stati provocati da alcune batterie spagnole posizionate sui bastioni del forte, che colpirono il loro accampamento.

Nella notte tra il 19 e il 20 aprile, una forza d'assalto britannica, composta da oltre 2.700 uomini, iniziò a formarsi in due colonne. Al comando di questa forza vi erano il brigadiere generale John Guise e i colonnelli John Wynyard e John Grant. Il piano era semplice: attaccare il forte di San Felipe de Barajas da nord e da sud. La scelta di attaccare il forte da queste due direttrici fu probabilmente dovuta al fatto che gran parte delle artiglierie del forte erano posizionate ad est, verso il colle de La Popa, mentre un attacco a San Felipe da tergo avrebbe costretto i britannici in una striscia di terra larga solo 200 metri tra il canale di Getsemani e il forte, esponendoli anche al tiro delle artiglierie poste sulle mura della città, distanti solo 400 metri dal forte.

Poiché, per mancanza dell'artiglieria, sarebbe stato impossibile aprire una breccia nelle mura del forte, questo sarebbe stato inizialmente preso d'assalto dai granatieri, mediante l'utilizzo di scale. I marinai le avrebbero posizionate contro le mura. Durante queste operazioni, i fanti avrebbero fornito loro copertura e, una volta iniziato l'assalto, agito in sostegno dell'azione dei granatieri.

Solo alle quattro del mattino la forza iniziò a muoversi lentamente, nel fitto della foresta di mangrovie che circondava il forte spagnolo. Un gruppo di schiavi giamaicani con il compito di aprire a colpi di machete la strada attraverso la vegetazione tropicale precedeva il resto della truppa, composta da una piccola avanguardia di una cinquantina di elementi scelti, seguita da 450 granatieri al comando del colonnello John Wynyard, e poi dal grosso della forza d'attacco consistente in un migliaio di uomini dei reggimenti 15° e 24°, al comando di John Grant. Dietro al corpo principale vi era poi una compagnia mista del 34° e del 36° reggimento e dietro a questa un gruppo di marinai con scale d'assalto e balle di lana per riempire il fossato. Per ultimo veniva un gruppo di 500 marines che costituiva la riserva, al comando del colonnello Edward Wolfe.

L'avanzata fu lenta a causa del pesante equipaggiamento e del fitto fuoco di sbarramento che proveniva dalle mura e dalle ridotte della fortezza. L'attacco vero e proprio scattò poco prima dell'alba e si concentrò sul lato sud. Sotto un sole presto divenuto cocente, gli inglesi continuarono ad avanzare ingaggiando gli spagnoli in cruenti corpo a corpo, i quali in inferiorità numerica continuavano costantemente a perdere terreno. L'attacco britannico, però, si arrestò proprio davanti alle mura, perché, per un errore di valutazione, le scale d'assalto dei britannici risultarono troppo corte per permettere ai granatieri di raggiungere gli spalti della fortezza e aprire la strada agli altri fanti e le truppe risultarono completamente sprovviste di materiali per colmare il fossato.

Investiti dal fuoco degli spagnoli e impossibilitati ad avanzare, i britannici vacillarono, iniziando a ritirarsi disordinatamente. Solo a questo punto, Blas de Lezo diede ordine agli ultimi 300 uomini di uscire dal forte con la baionetta inastata e inseguire i fuggiaschi all'interno del fitto intrico di mangrovie, piombando su di loro ai piedi del colle de La Popa e facendone strage.

Lo scontro al forte di San Felipe rappresentò un momento cruciale delle operazioni militari britanniche contro Cartagena de Indias. Non si conosce il numero esatto delle perdite britanniche durante il

---

10   Tobias Smollett, The Adventures of Roderick Random, Londra, G. Routledge & Co. Farringdon Street, 1857. Pag. 245.

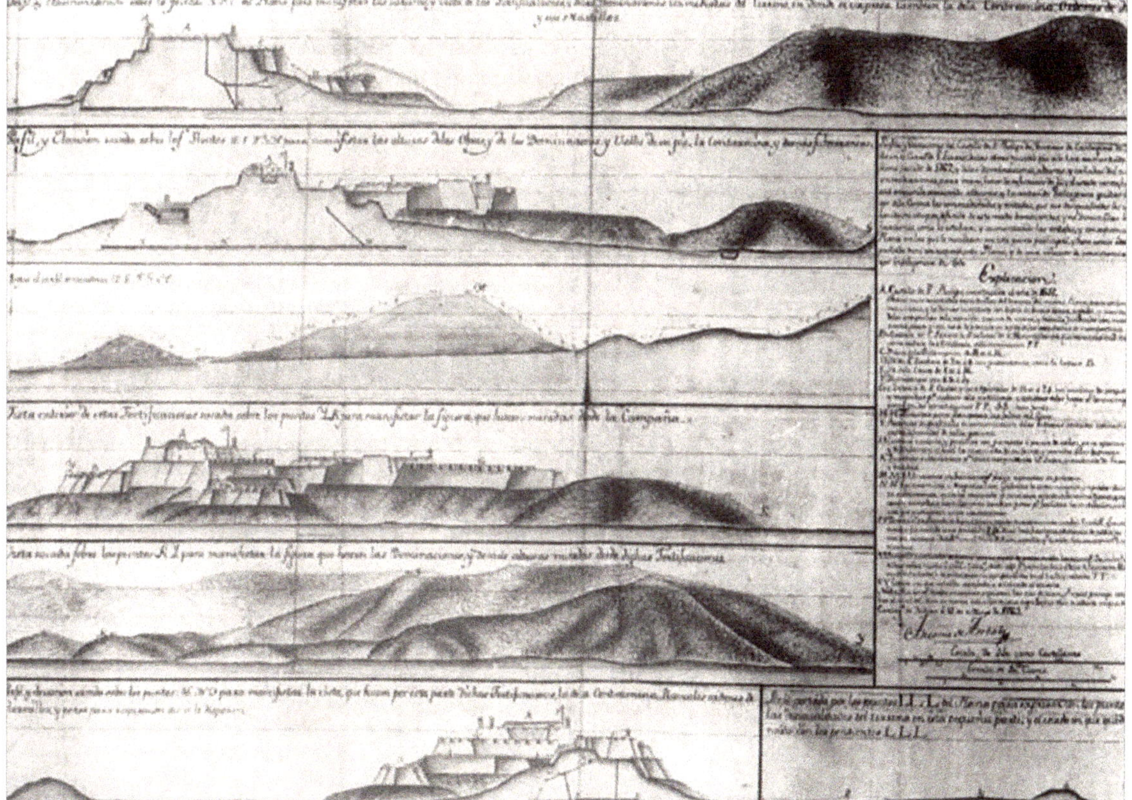

▲ Profilo del forte di San Felipe de Barajas e del monte de La Popa, por don Antonio de Arévalo. 1763.

combattimento: secondo fonti anglosassoni si trattò di 645 uomini, tra morti, feriti e prigionieri, mentre secondo quelle spagnole le perdite britanniche ammontarono ad oltre un migliaio di uomini. Gli spagnoli, da parte loro, lamentarono la perdita di circa 200 uomini.

Rimasti senza un piano preciso, il 21 aprile i britannici ripresero i bombardamenti contro il forte, che si protrassero fino al primo pomeriggio, quando alcuni parlamentari britannici chiesero uno scambio di prigionieri. Questo venne accettato dagli spagnoli a patto che venisse effettuato per il 30 aprile. Scoraggiato per l'insuccesso dell'attacco al Forte di San Felipe de Barajas, qualche giorno dopo Wentworth annunciò ufficialmente che con le sue forze, ridotte ormai solo ad un terzo di quelle originarie, non sarebbe stato più in grado di portare avanti le operazioni militari contro la città di Cartagenas de Indias.

Tra Vernon e Wentworth scoppiò immediatamente una disputa violenta. L'ammiraglio doveva ormai prendere atto del fallimento della spedizione e rinunciare all'impresa, ma era troppo orgoglioso per farlo. Come abbiamo già visto, oltre che ammiraglio, Vernon era anche un politico, che aveva costruito la propria carriera personale sulla guerra alla Spagna. Il fallimento dell'attacco a Cartagena de Indias per lui avrebbe significato quindi non solo una terribile sconfitta militare, ma anche politica.

Il 25 aprile si tenne a bordo del Princess Carolina, la nave ammiraglia della flotta di Vernon, un nuovo consiglio di guerra, durante il quale quindi si scontrò nuovamente con Wentworth. Ma il generale fu irremovibile nella sua decisione di non continuare l'assedio. L'incontro si concluse quindi con la sola decisione possibile, quella di reimbarcare tutte le truppe il più presto possibile.

Nonostante questo smacco, Vernon decise di effettuare un ultimo attacco contro le mura della città, utilizzando il Galicia come batteria galleggiante. Il comando dell'imbarcazione venne affidato al

▲ Mappa della battaglia (a cura dell'autore)

capitano Daniel Hore. Il 26 aprile la nave, con a bordo 300 marinai e 16 cannoni da 12 e 18 libbre, venne fatta avvicinare alle mura della città. A causa del basso fondale della baia, però, si arenò prima di raggiungere una distanza sufficiente a permettere ai cannoni di sparare con efficacia. A partire dalle cinque del mattino del giorno successivo, il vascello venne quindi ininterrottamente bersagliato dal tiro dei cannoni posti sulle mura della città, finché, a mezzogiorno, constata l'impossibilità di proseguire l'azione, Vernon ordinò la ritirata. L'ordine però, fu impartito tardivamente, quando il Galicia era stato colpito da ben 56 colpi di cannone ed era ormai ridotto ad un colabrodo, e non evitò il suo affondamento. Nell'azione morirono sei marinai britannici, mentre altri 56 rimasero feriti.

Quella del Galicia fu un'azione disperata, interpretata dagli spagnoli come un tentativo di umiliare Blas de Lezo, che però ebbe l'effetto di coprire le operazioni di reimbarco dell'esercito britannico, ormai malridotto e flagellato dalle malattie.

Le navi da trasporto furono le prime a fare vela per la Giamaica, lasciando Vernon e le sue navi da guerra a continuare il bombardamento della città. Tuttavia, anche gli equipaggi rimasti con Vernon a Cartagena de Indias erano talmente provati e decimati da non consentire di protrarre l'azione ulteriormente, se non a rischio della perdita dell'intera flotta.

Il 30 aprile, in base agli accordi del 21 aprile, avvenne intanto lo scambio dei prigionieri. Da uno dei prigionieri liberati, gli spagnoli riuscirono finalmente a comprendere tutta la gravità del disastro subito dai britannici. Secondo il prigioniero, fino a quel momento i britannici avevano perso 2.200 uomini a causa dei combattimenti (700 nell'attacco di Bocachica e 1.500 nell'attacco al forte di San Felipe de Barajas) e altri 2.500 a causa delle malattie.

Per quasi un mese, comunque, Vernon continuò a cannoneggiare la città dal mare, senza un piano preciso, mentre la baia si riempiva sempre più dei cadaveri in putrefazione dei soldati britannici falciati dalle malattie e gettati in mare dai loro stessi compagni d'armi.

La sistuazione era ulteriormente aggravata per i britannici dall'incapacità di approvvigionarsi di prodotti alimentari freschi dall'entroterra, il che favoriva il dilagare di malattie come lo scorbuto.

Vernon cessò l'attacco solo il 17 maggio, riparando in Giamaica con la sua divisione. Nello stesso giorno giungeva a Londra giungeva la notizia della imminente conquista di Cartagena de Indias, portata dallo sloop di Laws. Il giorno seguente Vernon venne seguito dalla divisione di Ogle e il 20 da quella di Lestock.

Gli ultimi britannici che lasciarono Cartagena de Indias, a causa della carenza di organici, furono costretti ad affondare cinque delle loro navi. Durante la navigazione, le malattie continuarono a fare strage tra gli imbarcati. All'arrivo in Giamaica, ogni nave era ridotta ad un lazzaretto, tanto che nel corso del viaggio, per mancanza di uomini, i britannici furono costretti ad affondare ancora un'atra delle loro navi. Complessivamente, si stima che dei 28.000 uomini che avevano originariamente composto la spedizione britannica ne morirono 18.000, la metà dei quali a causa di malattie.

Da parte spagnola le perdite furono sensibilmente più limitate. Le fonti principali concordano nello stimarle in non più di 600 morti e un migliaio di feriti.

4.6 LE CONSEGUENZE

La mancanza di un comando unificato, l'incapacità di fornire il necessario supporto logistico per fare giungere l'artiglieria d'assedio vicino alle mura della città, le epidemie che falciarono i ranghi britannici e l'efficace difesa degli spagnoli avevano causato a Cartagena de Indias il più grande disastro navale della storia della Gran Bretagna.

L'erronea notizia dell'imminente vittoria di Vernon, giunta in Inghilterra con lo sloop di Laws, suscitò manifestazioni di gioia e festeggiamenti. L'entusiasmo fu tale che furono subito coniate medaglie commemorative dell'impresa. Su una faccia di queste si può vedere Vernon guardare dall'alto in basso verso l'ammiraglio spagnolo Blas De Lezo, ritratto inginocchiato davanti a lui.

E' interessante notare che, nella medaglia, Blas de Lezo veniva raffigurato come una persona integra, senza le sue molteplici menomazioni, una scelta probabilmente dettata dalla volontà di non sminuire il valore del nemico "battuto".

▲ Altra vista dell'imponente forte di Cartagena. Foto: flikr_Jipe7

Alla notizia della sconfitta, le medaglie commemorative, prematuramente coniate e distribuite, vennero ritirate dalla circolazione e, per proteggere la propria immagine, il governo proibì la pubblicazione di qualsiasi notizia o informazione riguardante l'infausta impresa. Il primo ministro Walpole fu costretto a rassegnare le dimissioni con grande imbarazzo.

Dopo la disastrosa azione su Cartagena de Indias, tra il 21 luglio e il 16 dicembre 1741, l'ammiraglio Vernon tentò un nuovo colpo di mano nell'isola di Cuba, con quello che rimaneva delle sue forze. Costretto dopo duri combattimenti a ritirarsi anche da quest'isola, Vernon rimase nei Caraibi fino all'ottobre 1842, quando fu richiamato definitivamente in patria. Con il ritiro di Vernon e di quanto rimaneva della spedizione britannica dai Caraibi, la guerra dell'orecchio di Jenkins poté considerarsi conclusa.

Per una Gran Bretagna in fortissima ascesa come potenza militare ed economica globale, il fallimento della spedizione contro Cartagena de Indias rappresentò comunque solo una momentanea battuta d'arresto.

Durante tutto il periodo compreso tra l'inizio della guerra dell'orecchio di Jenkins e la fine della guerra di successione austriaca (1739-1748), la Gran Bretagna si dimostrerà, infatti, capace non solo di compensare le perdite subite a causa dei combattimenti, ma anche di procedere ad un radicale rinnovo e potenziamento della flotta.

Nel 1739, all'inizio della guerra dell'orecchio di Jenkins, la marina da guerra britannica disponeva di 134 navi - tra vascelli e fregate, delle quali ne avrebbe poi perse 66, per dismissioni, affondamenti e catture, nel periodo 1740-1748.[11] Tuttavia, la Royal Navy si dimostrò in grado di compensare ampiamente queste perdite, varando 146 nuove unità, e catturando 12 vascelli[12] e cinque fregate nemiche[13], per un totale complessivo di 163 unità.[14]

Relegata la sconfitta di Cartagena de Indias a un episodio minore fallito a causa di un morbo tropicale, negli anni successivi, la Royal Navy avrebbe promosso al suo interno una serie di riforme per migliorare le condizioni di vita e l'alimentazione a bordo delle navi, al fine di prevenire malattie quali lo scorbuto, e varato un poderoso programma di rafforzamento che le avrebbe permesso di mantenere una incontrastata supremazia a livello globale fino alla prima guerra mondiale.

A ricordo dell'impresa di Cartagena de Indias rimase solo una targa commemorativa in onore dell'ammiraglio Vernon, posta nella cattedrale di Westminster, che dice: "....Nella guerra contro la Spagna dell'MDCCXXXIX egli prese il forte di Portobello con sei navi, una forza che si supponeva troppo debole per il tentativo. Per questo ricevette il ringraziamento delle camere del Parlamento. Sottomise il Chagre, e a Cartagena conquistò fin dove le forze navali poterono acquisire la vittoria." La memoria della fallita spedizione contro Cartagena de Indias per tanti anni rimase così perduta tra i meandri della storia.

In realtà, il fallito assedio di Cartagena de Indias costituì un momento cruciale della storia di Spagna e Inghilterra, non solo perché rappresentò il peggior disastro navale della storia britannica, ma perché permise agli spagnoli di mantenere i loro domini nelle Americhe per altri settanta anni e di esercitare un ruolo di grande potenza in Europa, almeno fino all'avvento dell'impero napoleonico e l'occupazione della Spagna da parte dell'esercito francese (1808-1814).

Se le principali operazioni militari nei Caraibi cessarono a partire dal 1742, con lo scoppio nel 1740 della guerra di successione austriaca, negli anni successivi il conflitto tra i due paesi si spostò in Europa e si protrasse fino al 1748, firmando la pace di Aquisgrana.

---

11 Periodo corrispondente con quello della guerra dell'orecchio di Jenkins e della guerra di successione austriaca, nella quale la prima sarebbe confluita.

12 11 dei quali francesi e uno spagnolo.

13 Quattro delle quali francesi e una spagnola.

14 J. J. Colledge, Ben Warlow; Ships of the Royal Navy: The Complete Record of all Fighting Ships of the Royal Navy from the 15th Century to the Present, Casemate, Greenhill, 2010.

▲ Altra vedute delle opere difensive di Cartagena. Foto: flikr_Jipe7

Le relazioni tra le parti migliorarono, però, solo a partire dal 1750, con la firma del trattato di Madrid, in base al quale la Gran Bretagna rinunciava ai suoi diritti sull'Asiento in cambio di 100.000 sterline e del diritto ad esercitare commerci con le colonie spagnole a condizioni di favore. Negli anni che seguirono, la Spagna avrebbe continuato a promuove una politica filo-britannica, che l'avrebbe portata anche a rimanere neutrale durante la prima parte della guerra dei sette anni tra Gran Bretagna e Francia (1756-1763). Nel 1762, la Gran Bretagna occasionalmente provò ancora a minacciare direttamente i possedimenti spagnoli con l'assedio e l'occupazione temporanea dell'Avana.

Pochi anni dopo, la Spagna, a sua volta, avrebbe contribuito al crollo del sistema coloniale britannico nel Nordamerica, fornendo un importante supporto alle tredici colonie ribelli durante la guerra d'indipendenza americana (1775-1783). Questo sostegno prese la forma di finanziamenti, fornitura di armi e munizioni, e di una serie di importanti azioni navali volte ad intercettare convogli britannici diretti nel Nordamerica[15] e una campagna militare condotta da Bernardo de Gálvez nel sud dei futuri Stati Uniti, culminata con la completa vittoria degli spagnoli sulle forze britanniche a Pensacola (1781) e con la riconquista della Florida occidentale da parte della Spagna.

Tra il 1806 e il 1807, durante il periodo napoleonico, la Gran Bretagna tentò di invadere, senza successo, i domini spagnoli nel nuovo mondo, questa volta quelli del Río de la Plata.

A partire dal 1808, la Spagna inizierà a perdere il controllo sulle sue colonie. Questa volta però la causa non sarà la Gran Bretagna, ma la già citata invasione del territorio metropolitano da parte di Napoleone Bonaparte, unita alle istanze indipendentiste createsi all'interno dell'impero. Le colonie americane inizieranno quindi una guerra contro la Spagna (1808-1826) che condurrà alla completa indipendenza di tutte, tranne Cuba e Porto Rico.

---

15   Tra questi si ricorda in particolare l'azione del 9 agosto 1780, che portò alla cattura di 57 mercantili britannici, cinque dei quali East Indianman.

▲ Altra stampa contemporanea della battaglia del 1741

4.7 IL SITO DELLA BATTAGLIA OGGI

Oggi Cartagena de Indias rappresenta non solo la città turisticamente più visitata della Colombia, ma anche uno dei siti storici più importanti del paese. Dichiarata patrimonio mondiale dell'umanità dall'UNESCO, amministrativamente, Cartagena ha oggi lo status di Distretto Turistico e Culturale, e in quanto tale è dotata di autonomia giuridica, politica, fiscale e amministrativa.

Alcune zone della laguna, come a sud del centro storico, nell'istmo che si protende verso Bocagrande, dove si trova una delle spiagge più conosciute della città, hanno subito nel tempo un processo di urbanizzazione, con la costruzione di aree residenziali e decine di grandi hotel e centri per congressi. Meno densamente urbanizzata è, invece, l'isola di Tierra Bomba che è oggi sede anch'essa di numerose spiagge ed alberghi turistici.

Il porto della città – già inadeguato nel XVIII secolo - è invece stato spostato all'esterno della baia, a nord del centro storico, in un luogo più idoneo ad ospitare grandi navi moderne da crociera. A est di questo è stato creato un aeroporto internazionale.

Rispetto ai diecimila abitanti del 1741, la città ne conta oggi poco meno di un milione, cosa che ne fa di Cartagena la quinta città colombiana, dopo Bogotà, Medellin, Cali e Barranquilla. Se il centro storico ha subito pochi cambiamenti, così come la collina di San Lazaro - sulla cui cima vi è ancora la fortezza di San Felipe – ed il colle de La Popa, lo stesso non si può dire del resto del territorio circostante. La parte edificata dell'abitato si è infatti nel tempo estesa fuori dal suo nucleo originario, espandendosi soprattutto verso l'entroterra, a sud e ad est.

Il colle de La Popa, con il suo antico convento de La Candelaria, è oggi completamente circondato dal tessuto urbano della città. Il convento continua, comunque, ad offrire uno dei migliori punti di osservazione della città. Durante il periodo più aspro del conflitto tra i gruppi di guerriglia e il governo colombiano, il colle è stato presidiato dalle forze governative con installazioni militari e campi minati, cosa che ne confermerebbe ancora oggi il valore strategico.

▲ Stampa britannica relativa alla guerra di Jenkins.

BIBLIOGRAFIA

·Beatson, Robert. Naval and Military Memoirs of Great Britain, from 1727 to 1783, London, Longman, Hurst, Rees and Orme, 1804.

·Borreguero Beltrán, Cristina. Del Tercio al regimiento, Real sociedad economica de amigos del pais, Valencia, 2001.

·Conway, Stephen. War, state, and society in mid-eighteenth-century Britain and Ireland, Oxford, Oxford Scholarship Online, 2006.

·Colmenares, Germán. Relaciones e informes de Los gobernantes de la Nueva Granada, Bogotá, Banco Popular, 1989.

·Campbell, John. Lives of the British Admirals, Glasgow, R. Griffin, 1841.

·Defoe, Daniel. Mother Ross: The Life and Adventures of Mrs. Christian Davies, Commonly Called Mother Ross, on Campaign with the Duke of Marlboroug, Leonaur, Driffield, 2011.

·de Bourgoing, Jean François. Nouveau voyage en Espagne, ou tableau de l'état actuel de cette monarchie, Chez Regnault, París, 1789.

·Ford, Douglas. Admiral Vernon and the Navy: A Memoir and Vindication, London, T. F. Unwin, 1907.

·Kuethe, Allan J. Marchena, Juan F. Soldados del rey: el Ejército Borbónico en América colonial en vísperas de la indipendencia, Castelló de la Plana, Universitat Jaume I, 2005.

·Lillie Craik, George; MacFarlane, Charles. The pictorial history of England: being, a history of the people and history of the Kingdom, Volume 6, London, Charles Knight & Co., 1841. pag. 433.

·Maldonado, Carlos Rodríguez. *"Don Sebastián de Eslava y don Blas de Lezo"*, in Boletín de historia y antigüedades, Vol. 39, Bogotá, Gen-Feb 1952.

·Marley, David F. Wars of the Americas: a chronology of armed conflict in the New World, 1492 to the present, Santa Barbara, ABC-CLIO, 1998.

·Meisel Ujueta, Alfonso. Blas de Lezo: vida legendaria del marino Vasco, Barranquilla, Kolumbien, 1982.

·Parry, John Horace. *The Spanish Seaborne Empire*, London, Hutchinson, 1966.

·Quintero Saravia, Gonzalo M. Don Blas de Lezo: defensor de Cartagena de Indias, Bogotá, Kolumbien, 2002.

·Richmond, Herbert William. The Navy in the war of 1739-1748, Volune I, Cambridge University Press,1920.

·Rolt, Richard. An impartial representation of the conduct of the several powers of Europe, engaged in the late general war, Volumi dal I al IV, Londra,1827.

·Schomberg, Isaac. Naval Chronology, T. Eglerton, Volume I, Londra, 1815.

·Smollet, Tobias. Authentic papers related to the expedition against Carthagena, pubblicato da Jorge Orlando Melo in Reportaje de la historia de Colombia, Bogotá, Planeta, 1989.

·Smollett Tobias. The Adventures of Roderick Random, Londra, G. Routledge & Co. Farringdon Street, 1857.

·Tobias Smollett, Thomas Roscoe. The miscellaneous works of Tobias Smollett, London, 1844.

·Stanhope, Philip H. History of England from the peace of Utrecht to the peace of Aix-la Chapelle, Vol 3, second edition, London, John Murray, 1839.

·Victoria, Pablo. El día que España derrotó a Inglaterra: de cómo Blas de Lezo, tuerto, manco y cojo, venció en Cartagena de Indias a la otra "Armada Invencible", Áltera, Barcelona, 2005.

·Young, Peter; Lawford, J.P. History of the British Army, Littlehampton Book Services, Worthing, 1970.

·Zapatero, Juan Manuel. La Guerra del Caribe en el siglo XVIII, Madrid, Servicio Histórico Militar y Museo del Ejército, 1990.

·Zerbe, Britt. The Birth of the Royal Marines, 1664-1802, The Boydell Press, Woodbridge, 2013.

·Otero Lana, Enrique. La guerra de la Oreja de Jenkins y el corso español (1739-1748), Cuadernos Monográficos del Instituto de Historia y Cultura Naval, n°44, Madrid, 2004.

·Carmona, Salvador; Donoso, Rafael. Walker Stephen P, "Accounting and International Relations: Britain, Spain and the Asiento Treaty", Accounting Organizations and Society, febbraio 2010, vol. 35.
·García Rivas, Manuel. "En torno a la biografía de Blas de Lezo". Itsas Memoria. Revista de Estudios Marítimos del País Vasco, n.7 (2012).
·Gómez, Santiago. "La Armada Real al comienzo de la Guerra de Asiento. 1739". Disponibile online sul seguente sito web: http://www.todoababor.es/articulos/comi_gue_1739.htm
·Gómez, Santiago. "La Guerra de la Oreja de Jenkins. Combates en el Caribe. Antecedentes y primeros enfrentamientos", http://www.todoababor.es/articulos/guerra-oreja-jenkins.htm
·de Gurrea Aragón, Carlos. Duque de Villahermosa al Condestable de Castilla. Olot, 8 de octubre de 1689 (fol. 1). BN. Secc. Mss, 2400.
·Martínez Shaw, Carlos; Alfonso Mola, Marina. "El arsenal de La Habana en el siglo xvIII", http://www.mecd. gob.es/fragatamercedes/dms/museos/fragatamercedes/historia/contexto-historico/arsenal-habana.pdf
·Ministerio de la Defensa, La Infanteria de Marina Espanola, CAE-UVICOA, 2011.

SITOGRAFIA

http://www.fortificacionesdecartagena.com/es/fortificaciones/fuerte_san_jose.htm
http://www.provincia.fc.it/cultura/antonelli/
http://royal-navy.oceanmc.com
http://www.todoababor.es
http://cvc.cervantes.es/artes/ciudades_patrimonio/cartagena_indias/personalidades/antonelli.htm
http://www.banrepcultural.org/

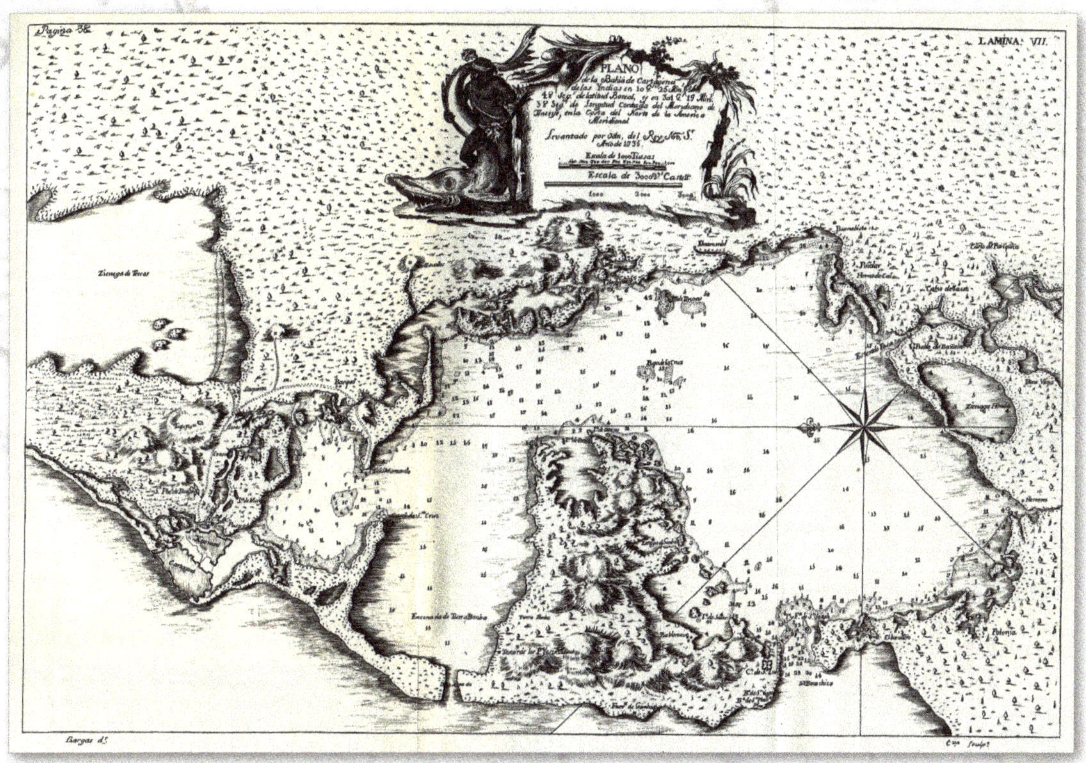

TITOLI PUBBLICATI - ALREADY PUBLISHING

WWW.SOLDIERSHOP.COM   WWW.BOOKMOON.COM